CHRONIQUE TRANSATLANTIQUE du XXe siècle

Charles Offrey

CHRONIQUE TRANSATLANTIQUE du XXe siècle

Des hommes et des navires qui l'ont marquée

Éditions Marcel-Didier Vrac

The masters of french Compagnie Générale Transatlantique.
This book relates the history of the most proeminents managers of the French major liners company, Compagnie Générale Transatlantique. The competition on the north atlantic routes, have been marked half a century along, by a complex response to the challenge of foreign competitors who were in several occasions forced to fill the gap and so inducing new challenge. This contributes also to the story of technology, and efforts toward more seaworthiness and safety at sea .

Une grande partie de ce texte a été publiée par la revue *Neptunia*.

Rue de la Choquette, 38660 Le Touvet. • Fax : 04 76 92 30 66 • **www.editions-mdv.com**

TABLE DES MATIERES

P R E F A C E

Le passage au 3ème millénaire offre l'occasion de dresser l'inventaire de ce qui a marqué le siècle écoulé, cela dans tous les domaines de l'activité mondiale. C'est aussi un repère pour apprécier l'évolution de tel ou tel secteur de cette activité, ainsi par exemple, celui des transports maritimes et plus particulièrement des transports de passagers assurés par les paquebots.

Sur le plan de la technique, c'est une courbe continuellement ascendante qui, de 1900 à 1999, traduit les progrès obtenus dans les caractéristiques et les performances des navires mis en ligne. Il en va tout autrement sur le plan de leur exploitation et du trafic qui les alimente. Là, on se trouve en présence d'une courbe chaotique, en dents de scie très prononcées, sous l'effet des facteurs qui ont bouleversé les échanges humains : courants migratoires dans la première partie du siècle, dommages de guerre et transports massifs de troupes à l'occasion des deux conflits mondiaux de 1914-1918 et 1939-1945, reconstitution, après la libération, du tonnage détruit et reprise des trafics intercontinentaux, développement fulgurant de la concurrence aérienne à partir de l'entrée en service des jets en 1958, enfin, apparition et montée en flèche d'un nouveau type de transport avec la vulgarisation des croisières. La « Chronique Transatlantique du XXe siècle » est le reflet de cette évolution contrastée. Elle porte témoignage des progrès et des incidents enregistrés au cours de ces cent années dans la desserte de l'Atlantique Nord par la Compagnie Générale Transatlantique retenue comme symbole du transport des passagers par la voie maritime.

Les progrès réalisés dans la construction navale ont fait faire des pas de géant à l'instrument de ce transport qu'est le paquebot. Quoi de commun entre La Touraine de 1900 et France de 1962 ou Queen Elisabeth II de 1969 ? Si ce n'est leur mission : « Transporter des hommes, c'est à dire des pensées et des activités, des foyers de connaissances et des sources de travail, de l'art et de la richesse... Porter des hommes vers des hommes » suivant l'expression du Général de Gaulle en présidant au lancement de France le 11 mai 1960 à Saint - Nazaire. Les paquebots auxquels cette mission a été dévolue s'en sont parfaitement acquittés dans des conditions, sans cesse, améliorées. Mais cette mission s'entendait pour le paquebot de ligne reconnu comme moyen de transport régulier, trait d'union entre les continents, assurant son service à longueur d'année, par tous les temps, desservant les terres les plus lointaines, constituant parfois le seul lien avec le reste du monde. Il réalisait à son bord un brassage de toutes les classes sociales qui faisait de lui une véritable société en miniature, un microcosme qui vivait d'une vie d'autant plus intense que l'espace et le temps y étaient strictement mesurés. Jusqu'au jour où, vaincu par l'avion, il a été à nouveau détrôné par le paquebot de croisière dont la conception et l'exploitation répondent à des besoins bien différents, la motivation de ses passagers n'étant plus que le plaisir, la détente et la distraction.

Je ne suis pas sûr qu'en dressant l'inventaire maritime de ce XXe siècle pour notre pays on ait vraiment mesuré à leur réelle importance et leur réelle valeur les retombées de certaines réalisations comme la mise en service de navires aujourd'hui « légendaires », de même que l'envergure des hommes qui ont pris le risque de les commander.

Je veux surtout parler des paquebots de la Compagnie Générale Transatlantique, non pas que les autres comme ceux des Messageries Maritimes, des Chargeurs Réunis, de Paquet, de la Compagnie Sud Atlantique ou d'autres armements encore, aient été moins réussis et aient connu moins de succès, mais parce que c'est bien sur l'Atlantique Nord, la voie royale, que la compétition a été la plus rude, la plus spectaculaire et que s'est joué la renommée de notre pavillon dans le monde entier.

Mais si le nom de ces paquebots de légende dit encore quelque chose à ceux qui les ont connus ou empruntés, peut-être encore à la génération suivante, qui, franchement, en dehors des spécialistes, des gens de la profession et de quelques ship lovers, se souvient des hommes qui ont eu l'audace et la charge de les exploiter ?

J'ai eu le privilège de faire toute ma carrière chez cette « Grande Dame » que fut la Compagnie Générale Transatlantique. On ne s'étonnera donc pas que ce soient les paquebots de cet armement et les hommes qui ont présidé à ses destinées pendant le siècle écoulé que j'ai choisi d'évoquer ici.

Ce qui frappe quand on fait l'historique du XXe siècle tel que l'a vécu la Transat, c'est de voir comment ses présidents successifs ont attaché leur nom et se sont identifiés en quelque sorte à des navires qui ont été les symboles du moment, que ce soit dans le domaine de la technique ou dans celui de la décoration.

Tel fut le cas :

- de 1904 à 1918, de Jules Charles-Roux qui a été l'homme de La Provence et de France II.
- de 1920 à 1928, de John Dal Piaz qui a été l'homme du Paris et de l'Ile de France.
- de 1931 à 1944, d'Henri Cangardel et de Marcel Olivier qui ont été les hommes de Normandie et de Ville d'Alger.
- enfin de 1944 à 1974, de Jean Marie et Edmond Lanier qui ont été les hommes de Liberté et de France.

* * *

CHAPITRE I

Jules Charles-Roux
La *Provence* et *France II*

Jules Charles-Roux,
l'homme de la *Provence* et de *France*, second du nom
(© Chambre de Commerce et d'Industrie de Marseille).

Le paquebot *Provence*, d'après Louis Lessieux, une des premières cartes postales en couleurs, postée en 1906

(© Collection C. de Villermont).

Quand il accède à la présidence de la Compagnie Générale Transatlantique, en juin 1904, succédant à Eugène Péreire, Jules Charles-Roux est au faîte d'une carrière aussi brillante qu'exceptionnelle. Issu de la haute bourgeoisie provençale, il s'est hissé au sommet de l'élite de l'époque, ami et respecté de tout ce qui compte en France dans la politique, l'administration des affaires, le monde des arts et des lettres. La politique, avec ses mandats successifs de conseiller municipal de Marseille, de conseiller général, de député de 1889 à 1908, l'a fait rencontrer et sympathiser avec les personnalités le plus marquantes : Casimir Périer, Félix Faure, Théophile Delcassé, Paul Deschanel, Jules Ribot, Raymond Poincaré...

Ardent partisan de l'expansion coloniale en Afrique du Nord, en Afrique Noire, dans l'océan Indien ou en Asie (dans laquelle il voit une revanche à la défaite de 1870), il apporte un soutien énergique et éclairé à l'action des Lyautey, Gallieni, Jonnart, Binger, Monteil...

L'administration des affaires, après ses premiers pas en mission auprès de Ferdinand de Lesseps pendant le percement du canal de Suez, le propulse à des postes clefs dans les conseils de grandes entreprises telles que les Chantiers de Provence, le P.L.M., les Raffineries de sucre de Saint-Louis, ou encore la Société marseillaise de Crédit, le Comptoir national d'Escompte et à la vice-présidence de la Compagnie universelle du canal de Suez.

Félibre, régionaliste de cœur et poète lui-même, il entretient des relations suivies et amicales avec les auteurs célèbres comme Frédéric Mistral, Edmond Rostand, Jules Lemaître... C'est bien une personnalité de premier plan qui est appelée à présider aux destinées de la Compagnie Générale Transatlantique.

La situation à laquelle il est confronté dans ses nouvelles fonctions est des plus délicate pour le pavillon français, et plus particulièrement dans le secteur de l'Atlantique Nord. Sur la ligne Le Havre - New York, artère vitale de la Transat, la concurrence est féroce. Les Anglais et les Allemands dominent le trafic et s'affrontent dans une course effrénée au gigantisme et à la vitesse ; mettant en service à un rythme hallucinant, des paquebots de plus en plus gros, de plus en plus rapides, de plus en plus luxueux.

Répliquant aux anglais de la Cunard Line dont les derniers nés *Lucania* et *Campania*, de 12 950 tonnes de jauge brute (tjb), 28 000 ch de puissance et filant 21 nœuds, invaincus depuis 1893, les allemands mettent tour à tour en service, en 1898, sous les couleurs du Norddeutscher Lloyd, le *Kaiser Wilhem der Gross* de 194 mètres de long, 14 349 tjb, 39 000 ch et 22 nœuds de vitesse, à quatre cheminées, qui ravit le " Ruban bleu " aux anglais, et en 1900, sous les couleurs de la Hapag, le *Deutschland*, premier paquebot à dépasser les 200 mètres de long et à adopter la nouvelle technique de la machine à quadruple expansion qui lui confère une puissance de 37 800 ch et une vitesse de plus de 23 nœuds, ce qui lui permet de s'emparer à son tour du " Ruban bleu ".

La compétition entre les deux armements germaniques s'accentue et se prolonge pendant les premières années du nouveau siècle avec l'entrée en service, coup sur coup par le Norddeutscher Lloyd en 1901, du *Kronprinz Wilhem*, de 202 mètres de long, 35 000 ch, 23 nœuds, et, en 1902, du *Kaiser Wilhem II*, de 215 mètres, 44 000 ch, 23,5 nœuds, qui reprend le " Ruban bleu " à son congénère de la Hapag.

Il faut attendre l'année 1907 pour que la Cunard riposte en mettant en service ses fameux *Lusitania* et *Mauretania* dont les noms vont illustrer les annales transatlantiques pendant de nombreuses années. Ils pulvérisent les records précédents dans tous les domaines : longueur, tonnage, puissance, vitesse, décoration, avec leurs 240 mètres de long, 26,80 mètres de large, 31 700 tjb. Dotés de quatre turbines à action directe sur quatre hélices, ils développent une puissance de 76 000 à 78 000 ch, ce qui leur permet de filer de 25,5 à 26,8 nœuds et de remporter de haute lutte le " Ruban bleu ".

La France, elle, est restée en dehors de cette surenchère frénétique. L'ambition de la Compagnie Générale Transatlantique est freinée par l'insuffisance des installations du port du Havre. Elle a donc privilégié, pour ses unités, la qualité, en mettant l'accent sur le confort, la décoration, la cuisine et le service.

C'est cette politique, suivie avec succès, qui lui a valu sa réputation auprès de la clientèle, américaine notamment, et la conduit à mettre en service, en 1900, la *Lorraine* et, en 1901, la *Savoie*, paquebots aux caractéristiques plus modestes : 176 mètres de long, 11 600 tjb, 22 000 ch filant 20 nœuds. Mais la nécessité d'améliorer sa position, au risque de perdre trop de parts de marché, conduit la Transat à passer la commande, en 1904, aux Ateliers et Chantiers de Penhoët à Saint-Nazaire, d'une unité plus importante : ce sera la *Provence*.

Dans le fumoir du paquebot La *Provence*.

La *Provence*

Telle est la situation dont hérite Jules Charles-Roux quand il prend les rênes du pouvoir.

Il connaît déjà bien la Compagnie, ses atouts, ses faiblesses.

Comme député, il a été rapporteur du projet de loi relatif aux services de la Compagnie sur New York et a obtenu, contre les représentants de Cherbourg et de Brest, le maintien du port du Havre comme port d'attache des paquebots. Il est aussi un défenseur convaincu de la thèse du coût dissuasif de la vitesse au-delà de certaines limites raisonnables. Avec lui, la Transat ne cédera pas à la tentation du tonnage et de la vitesse maxima.

Les caractéristiques retenues pour la *Provence* répondent d'ailleurs à ces conditions. Sa longueur de 191 mètres est la plus grande compatible avec celle du bassin de l'Eure au Havre qui est de 200 mètres. Avec cette taille, avec sa puissance de 30 000 ch et sa vitesse en service de 21,5 nœuds - il fera 23,45 nœuds aux essais - le paquebot se classe tout de même parmi les cinq paquebots les plus rapides du monde pour l'époque.

Le premier soin du nouveau président est d'en activer la construction qui avait été retardée pour des raisons financières, ce qui devient possible grâce à un assainissement radical des comptes de la Compagnie auquel il procède dès son entrée en fonction. Il prend une part décisive dans l'achèvement du navire, veillant à ce que les installations et les conditions de vie à bord pour les passagers soient

Vue éclatée des aménagements du paquebot *Provence*, dessinée par A. Dubray. Inv. 23 OA 1 (© Musée de la Marine/Ph. MAR133).

d'une qualité et d'un agrément encore inégalés. C'est ainsi que sur son initiative, il a été décidé d'installer, à titre d'essai sur la *Provence*, un appareil de T.S.F à longue distance. Ce sera le premier paquebot a être doté de ce nouveau mode de transmission. L'appareil, en captant les ondes des postes de Poldhu en Europe et du Cap Cod en Amérique qui couvre chacun la moitié de l'Atlantique, permet d'être en communication pendant toute la traversée avec les deux continents. Ainsi fut créé, grâce aux nouvelles recueillies, le premier journal imprimé à bord qui deviendra bientôt quotidien : " l'Atlantique " et que le passager trouvera à son réveil, glissé sous la porte par son garçon de cabine.

Sur le plan des emménagements, la *Provence* innove aussi par l'augmentation des espaces réservés aux locaux communs : halls, escaliers, salons, salles à manger, obtenu par une judicieuse utilisation du dégagement entre les deux cheminées.

Autres innovations très appréciées : le remplacement, en salle à manger, des longues tables d'hôtes qui étaient la règle sur tous les paquebots jusque-là, par des petites tables, l'aménagement d'un salon bibliothèque, la création d'une salle de gymnastique et l'ouverture d'une terrasse prolongeant à

l'arrière, le salon servant de café. Le café-terrasse va devenir une tradition sur les paquebots de la *Transat* ! Pour la décoration et le mobilier, c'est généralement le style classique, néo-Louis XVI, qui a été retenu, d'une grande recherche.

Mais à l'aube du XXe siècle, les passagers de classe auxquels sont destinées ces installations de qualité ne constituent pas l'essentiel, en quantité, de la clientèle transatlantique. C'est le moment en effet où le trafic des émigrants bat son plein. De 500 000 par an en moyenne dans les dernières années du XIXe siècle, ce flux passe à un million entre 1900 et 1913. Irlandais, Scandinaves, Allemands, Slaves, Italiens, Juifs d'Europe centrale... se bousculent pour embarquer à destination de l'Amérique, la nouvelle terre promise !

La Transat, comme tous les autres armements, s'y intéresse et met tout en œuvre pour l'assurer dans les meilleures conditions possibles : mise en route de trains spéciaux pour l'acheminement terrestre, ouverture d'un hôtel relais au Havre, aménagement des entreponts à bord avec couchettes et couvertures, tarifs très étudiés allant de 100 à 150 francs par traversée...

Après la *Champagne*, la *Lorraine* et la *Savoie* qui pouvaient embarquer 900 émigrants, la *Provence* permet d'en recevoir plus de 1 000.

Ainsi conçu et réalisé, le paquebot *Provence,* qui entre en service le 21 avril 1906, remporte un vif succès.

Ce succès va se trouver renforcé par un événement fortuit : le match qu'il livre au cours de son deuxième voyage, au retour de New York, avec le *Deutschland* parti de Sandy Hook un quart d'heure après lui et qu'il devance de quatre heures à son arrivée au droit du cap Lizard. Des paris s'étaient engagés sur les deux paquebots entre les passagers passionnés par la course, dont le célèbre Rockfeller, roi du pétrole qui était à bord du paquebot allemand et le non moins célèbre Vanderbilt, roi du charbon qui était à bord du français. Le retentissement de cette victoire a servi grandement la réputation de la *Provence* qui a ramené à la Transat la riche clientèle de 1re classe qui l'avait délaissée au profit des géants anglais et allemands. Son succès ne s'est pas démenti par la suite jusqu'à ce que, en 1914, la *Provence* soit réquisitionné comme croiseur auxiliaire.

Entre temps, elle se signale par un autre fait divers mémorable : ce fut le premier navire à capter, dans la nuit du 14 au 15 avril 1912, le S.O.S lancé par le *Titanic*, sans pouvoir intervenir du fait de son éloignement.

La *Provence* connaîtra malheureusement une fin tragique : elle est torpillée par un sous-marin allemand le 26 février 1916 alors qu'elle se rendait à Salonique chargée de troupes. Le naufrage a fait plus de mille victimes dont le commandant du nom de Vesco.

Le paquebot *France* (deuxième du nom), dessin à la plume aquarellé de Pierre Bastide, daté 17 septembre 1957
(© Musée de la Marine. Fonds P. Bastide).

France II

Si Jules Charles-Roux n'a pas été l'initiateur de la commande de la *Provence*, c'est bien lui qui peut revendiquer la paternité de *France II*.

La convention postale passée en 1898 avec l'État faisait obligation à la Transat de mettre en service quatre paquebots rapides pour desservir la ligne de New York. Après la *Lorraine*, la *Savoie* et la *Provence*, *France II* a été le quatrième paquebot de la série.

Le contexte dans lequel est commandée cette unité en 1910 et construite par les Ateliers et Chantiers de Saint-Nazaire Penhoët, se caractérise toujours par la suprématie du pavillon anglais sur l'Atlantique Nord, avec le paquebot *Mauretania* de la Cunard, détenteur du " Ruban bleu " qu'il conservera pendant vingt-deux ans. Mais la compétition reste des plus vive avec la mise en service par la compagnie sœur de la Cunard, la White Star, coup sur coup de deux nouvelles unités : *Olympic* et *Titanic*, en 1911 et 1912. S'ils battent le record de la longueur avec leurs 269 mètres, ils ne surpassent pas le *Mauretania* en rapidité.

On en est toujours, pour la durée de la traversée, aux paquebots de «six jours». Pour gagner un jour, il faut augmenter la vitesse de cinq à six nœuds. Mais réaliser les vingt-neuf nœuds minimum n'est pas encore réalisable. Et Jules Charles-Roux n'est toujours pas disposé à céder à la *folie de la vitesse* !

Ses calculs montrent que si la dépense par mille marin parcouru à 10 nœuds était de 16 F, elle passait à 41,50 F pour 18 nœuds et à 55,50 F pour 23 nœuds, et que la durée de la traversée n'était abrégée que de 6 heures seulement quand le navire file 23 nœuds au lieu de 22, alors que la consommation de charbon a plus que décuplé et l'équipage (soutiers principalement) plus que triplé.

Pas question donc, qu'avec *France II*, la Compagnie Générale Transatlantique se lance à l'assaut des records déjà établis. Mais le souci de Jules Charles-Roux est, par contre, dans la juste mesure imposée par les circonstances - les installations du port du Havre notamment - de réaliser un navire aussi performant que possible sur le plan de la technique, de la décoration et de la qualité de vie à bord.

Le paquebot *France* au Havre, carte postale (© Editions ELD. DR).

Les caractéristiques de *France II* sont fixées en conséquence : longueur : 218,83 mètres, largeur : 23,08 mètres, 23 666 tjb, 45 000 ch, vitesse en service 22,8 nœuds. Capacité 1927 passagers dont 535 en 1re classe, 442 en 2e classe, 226 en cabines de 3e classe et 724 en entrepont.

Pour obtenir cette vitesse, on a adopté un dispositif nouveau de turbines à action directe, à triple détente, avec dix-neuf chaudières timbrées à 14 kg actionnant quatre turbines qui entraînent les quatre hélices. *France II* est le premier paquebot français à quatre hélices... et à quatre cheminées qui caractériseront et populariseront sa silhouette.

Mais c'est surtout la décoration du navire qui va faire sensation. Elle est somptueuse. Renonçant délibérément au *Modern' Style*, elle s'inspire des styles Louis XIV, Régence et Louis XVI pour les principaux locaux communs et les appartements de grand luxe. Le salon de conversation, le salon mixte «de musique», la salle à manger, majestueuse sur deux étages, la bibliothèque, sont les reproductions des appartements de Versailles ou d'hôtels célèbres. Il en va

France, le premier paquebot français à quatre hélices, rare photographie prise avant son lancement.
(© Musée de la Marine)

de même du mobilier, des boiseries, des tapisseries, des tableaux, des œuvres d'art qui sont d'une richesse encore inégalée.

Le paquebot est mis en service le 20 avril 1912. Il réalise à l'aller une vitesse moyenne de 22 nœuds 20 et au retour de 23 nœuds 40 ramenant la durée de la traversée à 5 jours 19 heures 30 minutes. Son succès est considérable des deux côtés de l'Atlantique. À New York ses cabines se vendent aux enchères ! Les Américains ont tôt fait de le baptiser le " Versailles de l'Atlantique ". Si sa première année d'exploitation souffre des grandes grèves qui affectent alors la marine marchande française, sa carrière se déroule ensuite dans des conditions très favorables contribuant largement à la prospérité qu'affiche la Compagnie jusqu'à ce qu'éclate la guerre en août 1914.

Avec Jules Charles-Roux, elle va connaître des heures difficiles. La plupart des paquebots sont réquisitionnés et transformés en croiseurs auxiliaires. *France II* devient navire-hôpital, affecté au transport des blessés du front d'Orient.

La paix revenue, *France II* est remis en exploitation sur la ligne de New York jusqu'en 1930, ensuite, comme paquebot de croisière, avant d'être vendu à la démolition en 1935 après 28 ans de bons et loyaux services.

Le *Jules Charles-Roux.*

Jules Charles Roux ne s'est pas attaché seulement à moderniser la flotte de l'Atlantique Nord. Celle de Méditerranée s'est enrichie sous sa présidence d'une unité qui porte son nom et qui marque, elle aussi, un net progrès. Long de 122 m, large de 14, le paquebot *Charles Roux* qui est inauguré sur la ligne d'Alger en 1909 se distingue comme étant le premier paquebot français à turbine et à 3 hélices, développant une puissance de 10 000 cv. Il met Alger à 23 heures de Marseille en offrant à ses passagers un confort et un luxe inégalés jusque là sur cette liaison. Pour inaugurer son entrée en service, une grande croisière de 15 jours - une innovation pour l'époque - a été organisée au départ de Saint-Nazaire sur le Portugal, Madère, le Maroc, l'Espagne et les Baléares avec retour à Marseille. Elle a rencontré un grand succès.

Les événements douloureux qui ont marqué notre pays de 1914 à 1918 et les lourdes pertes subies par la flotte - dont celle de la *Provence* - ont assombri les dernières années de la présidence de Jules Charles-Roux. Il n'aura pas la chance d'être témoin de la victoire de nos armes car il s'éteint le 6 mars 1918 au terme d'une courte maladie.

Jules Charles-Roux, dans les annales de la Compagnie Générale Transatlantique, laisse le souvenir d'un de ses plus grands présidents, d'une personnalité très attachante. Dans le domaine maritime qui est le nôtre, son nom reste associé à de multiples réalisations au nombre desquelles les deux paquebots *Provence* et *France II* qui ont fait honneur à notre pavillon, figurent en première place.

John Dal Piaz
Paris et *Ile de France*

John Dal Piaz, père du *Paris* et de *Ile de France*
(© Collection de l'auteur.).

Né en 1865, d'une famille de la grande bourgeoisie parisienne, mais d'ascendance cubaine, John Dal Piaz entre à la Compagnie Générale Transatlantique en 1888. Il est recruté comme commis aux écritures. Après un stage dans plusieurs agences portuaires, il est affecté au siège social où ses brillantes qualités le font remarquer par le président Eugène Péreire dont il devient bientôt le secrétaire.

A ce poste de choix, il se distingue par une intelligence imaginative, une vivacité d'esprit, une ardeur au travail, une rapidité de décision peu communes, avec en plus, beaucoup de charme personnel. Gravissant rapidement les échelons de la hiérarchie, il est nommé secrétaire général de la Compagnie en 1909, à l'âge de 35 ans. Jules Charles-Roux, succédant à Eugène Péreire en 1904, l'apprécie hautement à son tour. Il se l'attache, en fait son collaborateur le plus intime et cinq ans plus tard, le nomme directeur général, son véritable *alter ego*. John Dal Piaz a 44 ans. A la mort de Jules Charles-Roux, en 1918, c'est le vice-président Pellerin de la Touche qui lui succède à la présidence, mais pour deux ans seulement, puisqu'il meurt en 1920. Le conseil d'administration de la Compagnie, unanime, désigne alors John Dal Piaz comme président : il a 55 ans.

Cette carrière exceptionnelle est l'illustration parfaite de ce que peut être une promotion interne réussie. Depuis bientôt dix ans qu'il assume la responsabilité de la direction générale, il maîtrise parfaitement la conduite de l'entreprise à laquelle il imprime modernisme et dynamisme, reflets de son tempérament.

John Dal Piaz a partagé avec Jules Charles-Roux les épreuves de la guerre. Sa première tâche va être le remplacement des unités perdues et la reconquête, en matière de trafic passagers, de la place que tenait la Transat avant les hostilités sur l'Atlantique Nord où la concurrence reste d'autant plus sévère pour son pavillon que la France n'a pas été favorisée par le partage, en 1920, des dépouilles de l'armement allemand. La Transat n'obtient en effet que des unités de second rang : trois modestes paquebots rebaptisés *La Bourdonnais*, *Roussillon* et *Macoris*, alors que les anglais et les américains se verront attribuer les plus gros paquebots, à savoir : l'*Imperator* qui devient le *Berengaria* sous les couleurs de la Cunard Line, le *Bismarck* et le *Colombus* qui deviennent les *Majestic* et *Homeric* sous les couleurs de la White Star Line et le *Vaterland* qui devient le *Leviathan* sous les couleurs des United States Lines.

En regard, dans la catégorie des gros tonnages, la Transat ne dispose pas encore du *Paris* commandé en 1913, lancé en 1916, mais dont la construction aux Ateliers et Chantiers de Penhoet Saint-Nazaire a été interrompue par la guerre et qui ne sera livré qu'en juin 1921.

Paris

John Dal Piaz s'attache personnellement à ce que ce paquebot marque le retour de la Transat dans la cour des grands et s'y distingue par ses caractéristiques techniques, par la qualité de ses emménagements et l'originalité de sa décoration.

Les caractéristiques techniques du *Paris* se présentent ainsi : longueur : 234 mètres - c'est le plus grand paquebot jamais construit en France jusqu'ici - largeur : 26,85 mètres, 34 560 tjb, appareil moteur du type turbines Parsons à action directe triple détente procurant une puissance de 45 000 ch avec une vitesse en service de 21,8 nœuds. Il est aussi le premier grand paquebot français à être doté de la chauffe au mazout. Quant à sa capacité en passagers, elle bat tous les records : 560 places en 1re classe, 460 en 2e, 1 000 en 3e. S'y ajoutent des installations en entreponts pouvant recevoir un millier d'émigrants, soit au total plus de 3 000 passagers auxquels il faut ajouter un équipage de 660 hommes. Il entre en service le 15 juin 1921 et c'est l'occasion pour la Transat de se distinguer par une autre innovation : un service aérien entre Le Havre et Paris avec des appareils pouvant prendre 5 passagers acheminés en taxi depuis le siège social, 6, rue Auber, jusqu'à l'aérogare du Bourget et depuis l'aérodrome du Havre jusqu'au quai d'embarquement.

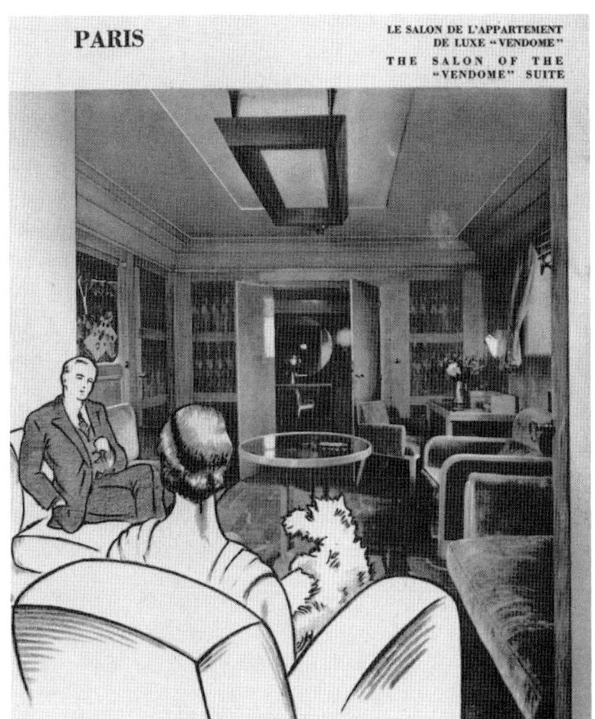

PARIS

LA SALLE A MANGER
THE DINING ROOM

PARIS

LE SALON DE LECTURE
THE READING ROOM

LE BAR
THE BAR

Par rapport à *France II*, le *Paris* marque donc une nette avancée qui a été rendue possible grâce aux progrès réalisés dans les installations du port du Havre.

Mais c'est dans le domaine de la décoration que *Paris* se démarque le plus de ses prédécesseurs. Et c'est dans ce domaine que l'intervention de John Dal Piaz a été essentielle. Les agencements intérieurs du navire portent son empreinte très personnelle.

Abandonnant délibérément le style classique adopté pour *France II*, John Dal Piaz choisit hardiment pour *Paris* un style de transition qui s'adapte à l'époque : entre le retour à la paix et la prospérité des «années folles». Ce n'est plus tout à fait le *Modern Style* et pas encore vraiment le style *Art-déco*, d'où une certaine incohérence qui désoriente le public au premier abord mais le séduira par la suite, surtout après qu'un incendie partiel en 1929 obligera la Compagnie à restaurer une partie des locaux communs et à les remettre au goût du jour.

Paris innove donc par un recours largement exploité à des éléments décoratifs encore inédits, à base de fer forgé par exemple, sous la signature d'Edgard Brandt, et de verre sous toutes ses formes : moulé, gravé, argenté sous la signature de René Lalique, entre autres. Le plan

Le paquebot *Paris*, dessin à la plume aquarellé de Pierre Bastide, daté 15 août 1969. Ce bâtiment construit en 1921 sera incendié et coulé le 19 avril 1939 au Havre (© Musée de la Marine. Fonds P. Bastide).

architectural d'ensemble offre beaucoup de similitude avec celui de *France II* ; distribution des grands locaux communs en enfilade depuis le hall d'embarquement jusqu'au café-terrasse de l'arrière.

Autres innovations très remarquées : appartements de luxe avec balcons privés sur la mer, une salle de cinéma, une piste de danse en dalles de verre lumineuses dans le salon de thé, ouverture d'un guichet fournissant les cours de bourse.

Le paquebot *Paris* en mer, carte postale (© Edition Bloc Frères, Bordeaux. DR).

Le trafic des passagers sur le ligne de New York est à son apogée quand *Paris* entre en service. Les résultats affichés par la Transat atteignent un niveau encore inégalé. Elle tient la tête des compagnies desservant New York, avec 69 voyages assurés en 1920 et 40 000 passagers transportés plus 55 000 émigrants.

La persistance des courants d'émigration à destination de l'Amérique du Nord explique la part importante qui a été réservée, comme on l'a vu, aux installations pour émigrants à bord du paquebot. Mais en 1921 les États-Unis mettent en vigueur le système des quotas pour restreindre l'invasion de leur territoire. Le nombre des émigrants transportés par la Transat tombe à 20 000. Toutes le compagnies redoublent d'efforts pour profiter au maximum du pactole que représente encore ce trafic qui va s'amenuiser d'année en année.

Dans le même temps, heureusement, la clientèle de 1re classe connaît un regain d'abondance sous l'effet de la prospérité insolente qu'affichent les États-Unis. Un nombre croissant d'Américains font fortune et s'empressent d'en faire étalage en s'offrant un tour en Europe et en empruntant les paquebots les plus réputés qui affichent complet à presque tous les départs. La ligne de New York connaît alors les années les plus prospères depuis la création de la Compagnie Générale Transatlantique.

La vogue du *Paris* - l'originalité de sa décoration et l'ampleur de ses locaux communs attirent une clientèle nombreuse et fidèle - ne se démentira pas bien que, moins chanceux que l'*Ile de France*, sa navigation soit assombrie par plusieurs accidents : abordage du cargo *Missisipi* de la Transat au Havre en 1922, d'un de ses remorqueurs en entrant au Havre en 1926, du cargo norvégien *Bessengen* en rade de New York en 1927 et un grave incendie au Havre en 1929 qui ravage une partie de ses installations. Mais à quelque chose malheur est bon ! Cela lui vaudra d'être rénové, redécoré et de trouver ainsi un regain de jeunesse et de succès jusqu'en 1939, date à laquelle il est victime d'un nouvel incendie dans le port du Havre qui, s'étant propagé dans l'ensemble du navire, provoque son chavirement et sa perte totale.

Le succès de *France II* et de *Paris* a été favorisé aussi par un autre facteur fortuit : la prohibition décrétée en 1919 par le gouvernement américain. Elle sévit sur tous les navires battant le pavillon étoilé et attire sur les autres paquebots la foule des clients amateurs d'un régime moins sec !

Le paquebot *Ile de France*, avec ses trois cheminées, quittant Le Havre (© Real-Photo, CAP Strasbourg. DR).

Ile de France

Cette situation exceptionnellement propice, ce climat de prospérité, de liberté, de plaisir, qui sont la marque des années vingt «les années folles» incitent la Compagnie Générale Transatlantique, stimulée par son président qui a un sens très aigu des réalités, à passer en 1925 la commande d'un nouveau paquebot : ce sera l'*Ile de France*.

La convention pour la ligne postale de New York passée avec l'État en 1912 lui en faisait d'ailleurs obligation en stipulant qu'elle devrait mettre en service quatre paquebots de 28 000 tonnes, en 1916, 1921, 1926 et 1931.

La guerre a entraîné quelques retards dans l'accomplissement de ce programme - le cas du *Paris* en est l'illustration - de même que l'évolution du trafic et de la technique de la construction navale en ont modifié notablement les données, ce que montrent les caractéristiques retenues pour le nouveau paquebot.

Avec un tonnage de jauge brute de 43 450 tx, une longueur de 241 mètres, une largeur de 28 m, une puissance de 55 000 ch lui assurant une vitesse en service de plus de 23 nœuds, *Ile de France*, sans être le plus grand paquebot, ni le plus rapide existant au monde - *Aquitania, Berangaria, Majestic,*

Ile de France, navire au destin hors du commun, photographié en 1945 alors qu'il est toujours utilisé en transport de troupes. Derrière, le paquebot ex-allemand, *Europa*, transformé en transport de troupes sous les couleurs des États-Unis (© Musée de la Marine/Ph. 176 287).

Leviathan et *Mauretania* sont encore en ligne - est bien le plus grand paquebot construit depuis la fin de la guerre et marque une avancée très nette par rapport à ses devanciers, sans sacrifier au gigantisme, déjà démodé, des unités d'avant 1914.

Mis sur cale aux Chantiers de Saint-Nazaire-Penhoët en septembre 1924, il est lancé le 14 mars 1926 et entre en service le 22 juin 1927.

Sa capacité de transport est au total de 1 689 passagers avec la répartition suivante : 684 en 1re classe, 409 en 2e, 596 en 3e, ce qui traduit bien l'évolution suivie par le trafic. Les courants d'émigration se sont, sinon complètement tari, du moins sensiblement modifiés. Les nouveaux émigrants ne se contentent plus d'un entrepont. Plus exigeants et plus argentés, ils sont devenus passagers de 3e classe.

En armateur avisé John Dal Piaz qui a été à l'école de Jules Charles-Roux a donc privilégié lui aussi et joué les facteurs élégance du cadre, excellence du confort, qualité incomparable de la cuisine et du service, érigés en traditions transatlantiques. En homme de goût, et grand amateur d'art, comme il l'avait fait pour le *Paris,* il a supervisé personnellement la décoration et les agencements intérieurs du paquebot.

L'exposition des Arts Décoratifs, qui vient de se tenir à Paris en 1925 et dont le retentissement a été considérable en donnant naissance à un style résolument moderne et plein de fantaisie, a révélé une pléiade de nouveaux talents. C'est pour le président de la Transat une source d'inspiration qui va être largement exploitée.

La structure architecturale des grands locaux communs de l'*Ile de France* tire le meilleur parti, comme sur *Paris*, mais en extrapolant, du vide dégagé entre les deux premières cheminées, la 3e étant postiche et ne servant qu'à l'aération, soit 24 mètres (contre 16 pour *Paris*) ce qui libère de grands espaces pour les pièces de réception qui se succèdent en enfilade de l'avant à l'arrière et sur toute la largeur du navire, entre les deux ponts promenades. On trouve ainsi, flanquant l'entrée du grand salon, la salle de jeux des enfants et la bibliothèque, le grand salon, de 24 mètres sur 18, puis le salon de thé et le grand café-terrasse. Sous le grand salon et sur trois ponts de hauteur, soit 9 mètres, c'est la salle à manger monumentale de 23 mètres sur 27 avec deux ailes sur 44 mètres de long qui, permet de dresser 700 couverts offrant ainsi l'avantage considérable de pouvoir recevoir tous les passagers de 1re classe en un seul service.

La décoration de cet ensemble comme celle des autres locaux plus réduits, des appartements de luxe, des cabines, etc. est d'une grande recherche, raffinée et sans lourdeur. Il s'en dégage une impression générale de charme, d'harmonie et d'élégance qui séduit le passager et qui vaudra au paquebot, le qualificatif de " Rue de la Paix de l'Atlantique ".

Elle porte la marque des artistes les plus réputés du moment. Certains ne sont qu'à l'aube d'une renommée qui trouvera son plein épanouissement quelques années plus tard sur *Normandie,* tels

Bouwens de Boylen, Mallet Stevens, Alavoine, Sue, Follot, pour l'architecture et l'aménagement général ; Ruhlman, Leleu, Marc Simon pour le mobilier, Dunand pour les laques, Brandt, Subes pour la ferronnerie, Lalique pour le verre et le cristal, Puiforcat pour l'orfèvrerie, Lurçat pour les tapisseries, etc.

Parmi les nouveautés et les trouvailles qui retiennent l'attention, on note l'existence, pour la première fois à bord d'un paquebot, d'une véritable chapelle du culte catholique, mais surtout - innovation révolutionnaire - l'installation sur l'arrière du navire d'un dispositif de lancement d'un hydravion par catapulte.

Esprit d'avant garde, hardi, ingénieux, toujours à l'affût du progrès qui pourra servir l'intérêt et l'avenir de son entreprise, John Dal Piaz, pressentant l'essor du transport aérien, a eu l'idée d'expérimenter la formule du catapultage d'un appareil pour prendre le courrier avant d'être en vue des côtes américaines et le délivrer à New York avec 24 heures d'avance.

L'essai qui fera sensation sera réussi, réalisé avec le lieutenant de vaisseau Demougeot au poste de pilotage, et renouvelé jusqu'en 1931. C'est la préfiguration de ce que sera plus tard la société Air France Transatlantique qui donnera naissance à la Compagnie nationale Air France.

A tous ces facteurs qui font la réputation de l'*Ile de France*, il faut ajouter - *the last but not the least* - la maîtrise d'un état-major hors pair avec, en tête, le commandant Joseph Blancart assisté du commissaire principal Henri Villar. Blancart, avec sa science consommée de la navigation, ses qualités de parfait homme du monde et son flegme imperturbable, Villar avec ses dons de diplomate, de courtoisie et son lumineux sourire, ont acquis une renommée mondiale et sont entrés dans la légende transatlantique.

Ainsi tout se conjugue pour faire de l'*Ile de France* le plus réussi, le plus recherché et l'avenir le prouvera, le plus heureux des paquebots transatlantiques. Il prend d'emblée une place de premier plan dans la flotte qui dessert l'Atlantique Nord. La traversée inaugurale valut à la Compagnie Générale Transatlantique et à son président un concert d'éloges. Quant aux américains, ils lui réservent un accueil triomphal à son arrivée à New York le 28 juin 1927 et le reçoivent comme un souverain.

A partir de ce moment le paquebot va contribuer largement à la prospérité de la Transat qui affiche en 1928 les plus beaux résultats de son histoire, avec des recettes atteignant pour la première fois un milliard de francs.

Le sort a voulu que John Dal Piaz ne puisse accompagner jusqu'au bout la route de *Paris* et *Ile de France* auxquels son nom restera indissolublement attaché et il ne sera pas témoin des événements qui ont marqué la fin de leur carrière.

Événements malheureux, dans le cas du *Paris* puisque le paquebot, après avoir subi une cure de rajeunissement réussie en 1937, est ravagé par un incendie en avril 1939 dans le port du Havre au cours de son arrêt technique, entraînant son chavirement dans le bassin de Marée et sa perte totale.

Ile de France avec sa nouvelle silhouette modernisée et ses deux cheminées, photographiée en 1949 lors de son arrivée à New York (© Musée de la Marine).

Événements heureux, dans le cas de l'*Ile de France* qui, après 1928 va connaître ses heures les plus glorieuses. Mobilisé en 1939 comme transport de troupes, rallié aux F.N.F.L. à Singapour, il s'illustre sous le pavillon à croix de Lorraine par des états de service qui lui valent d'être décoré de la croix de guerre avec palme et, fait rarissime, de celle aussi du Mérite maritime. La paix revenue, une refonte complète réalisée aux Ateliers et Chantiers de Saint-Nazaire de 1947 à 1949, lui donne une nouvelle silhouette - deux cheminées au lieu de trois - des installations modernisées, une nouvelle décoration, des plus heureuses.

Sous ces nouveaux atours il retrouve son succès d'antan sur la ligne de New York en s'offrant le luxe d'un second voyage inaugural et d'un second accueil triomphal des américains le 27 septembre 1949. Il atteindra le faîte de sa popularité et de sa renommée après s'être distingué par deux sauvetages mémorables ; le premier celui du cargo *Greenville*, sous le commandement du commandant Garrigue, en septembre 1953, le second, celui du paquebot italien *Andréa Doria* abordé par le paquebot *Stockholm* en juillet 1956, cette fois sous le commandement du commandant Raoul de Beaudéan, en sauvant 754 personnes. Ce dernier exploit lui vaut un troisième accueil triomphal à New York, fait unique dans les annales maritimes.

Ile de France est devenu comme un emblème de la sécurité et du dévouement. Il est baptisé le " Saint-Bernard de l'Atlantique ".

L'heure de s'en séparer sonne en février 1959, il a 32 ans. Il est vendu à la démolition à Osaka.

John Dal Piaz, lui, disparaît avant d'avoir pu mesurer toutes les retombées de la mise en service des deux grands paquebots qui ont illustré sa présidence et auxquels il a imprimé sa marque.

Sa mort, prématurée et que rien ne laissait prévoir - il succombe le 18 juin 1928 après quelques jours de maladie - une banale congestion pulmonaire - plonge la Compagnie Générale Transatlantique dans le plus grand désarroi. Trop absorbé par ses multiples et débordantes activités, par des projets sans cesse échafaudés, il n'a pas pris le soin de préparer sa succession. Et si la situation de la Compagnie donne tous les signes extérieurs de la prospérité, des nuages commencent à s'accumuler à l'horizon. La tempête est proche !

John Dal Piaz laisse derrière lui une œuvre considérable qui ne se limite pas au domaine maritime et quand on parle de lui on ne peut pas, même si cela déborde de notre sujet, ne pas évoquer l'action audacieuse et exemplaire qu'il a menée en direction de l'Afrique du Nord. C'est lui qui, encouragé par Lyautey dont il était un ami et un admirateur, a ouvert le Maghreb au tourisme international.

Avec la société des Auto-Circuits Nord Africains d'abord, avec la Société des Voyages et Hôtels Nord Africains ensuite, qui sont entièrement le fruit de son imagination et de sa créativité, il a gagné la pari fou, en partant de rien, de prolonger le service des paquebots de la Transat par un réseau de circuits automobiles remarquablement organisés et par une chaîne d'hôtels de grande classe et de conduire le passager aux confins du désert dans des conditions de confort et de sécurité inimaginables pour l'époque.

Le succès a couronné ses efforts. Pour la saison 1927-1928, la dernière qu'ait connu Dal Piaz, la S.V.H.N.A. exploite quarante-quatre hôtels, disposant de 1 800 chambres. Les circuits qui les relient se développent sur 8 000 km et sont desservis par un parc de 283 véhicules tous terrains.

Mais, avec le recul du temps, c'est bien tout de même la figure du grand armateur qui s'impose à nous, comme l'égal des plus grands, des plus célèbres de ses confrères : les Percy Bates ou les

Inchcape britanniques, les Albert Ballin ou les Hugo Stinnes germaniques, les Lauro transalpins ou les Ibarra ibériques.

John Dal Piaz demeure une des figures dominantes de l'histoire maritime du XXe siècle.

CHAPITRE II

Henri Cangardel
Normandie et *Ville d'Alger*

Le président Henri Cangardel
(© Association French Lines. Collection de l'auteur).

Cette fine maquette de *Normandie*, présentée au musée de la Marine, met en évidence l'élégance de la silhouette du paquebot. Il est représenté à son neuvage (© Musée de la Marine).

C'est à l'assemblée générale de la Compagnie Générale Transatlantique, convoquée le 10 juillet 1928 - quelques jours après la disparition brutale du président Dal Piaz - pour approuver les comptes de l'exercice 1927, que son successeur est nommé en la personne du vice-président du conseil d'administration, Octave Homberg. A défaut d'un armateur, c'est un financier président de la Société Générale. René Fould, président des chantiers de Saint-Nazaire, devient vice-président, de même que Raoul Dautry, directeur général des Chemins de Fer de l'Etat.

La nomination d'Octave Homberg ouvre un nouveau chapitre de l'histoire de la compagnie, chapitre beaucoup plus riche que les précédents, marqué par les transformations profondes du régime de l'entreprise qui va perdre son indépendance et passer sous le contrôle de l'État. Pour l'heure, la Transat affiche encore de très beaux résultats. L'exercice 1927 est largement bénéficiaire, de quelque 20 millions, les recettes avoisinant le milliard de francs, et les dividendes distribués sont confortables. L'entreprise est florissante, c'est le fruit de la politique de grandeur et d'expansion qui porte la marque du président défunt.

Les résultats de l'exercice 1928 sont encore excellents. Les recettes dépassent cette fois le milliard. Les bénéfices sont toujours de l'ordre de 24 millions et les dividendes de la même importance que l'année précédente. Le trafic des passagers transportés culmine à 495 000 et celui du fret à 2 130 000 tonnes.

Fort de cette situation favorable, le président Homberg engage la compagnie dans un vaste programme de constructions neuves qu'imposait d'ailleurs le vieillissement de la flotte dont trente unités avaient plus de 20 ans, (les deux paquebots *Rochambeau* et *France* dataient respectivement de 1911 et 1928) en mettant à profit l'institution du Crédit Maritime créé par la loi du 1er août 1928 qui permet d'obtenir des prêts à faible intérêt garantis par des hypothèques sur les navires.

C'est ainsi qu'entre 1928 et 1929 sont commandés trois paquebots : *Lafayette* pour la ligne de New York, *Dal Piaz* pour les lignes de Méditerranée et *Colombie* pour la ligne des Antilles, plus quinze cargos dont quatre acquis d'occasion. Sans compter la rénovation du *Paris* après son incendie en 1927.

A ces commandes il faut ajouter la décision importante, prise en application de la convention passée avec l'État en 1912 pour l'exploitation de la ligne de New York, de mettre en service pour 1933 un grand paquebot rapide - le futur *Normandie*. Sa commande sera effectivement passée le 4 novembre 1930 aux Chantiers de Penhoët.

En 1929, sans compter des unités non encore livrées, la Transat aligne une flotte d'une centaine de navires pour quelque 500 000 tjb, et si on ajoute les participations qu'elle a prises dans de nombreux armements en France et à l'étranger en contrôlant quelque quatre-vingts unités supplémentaires pour

200 000 tjb environ, on peut dire qu'elle représente alors le quart de la flotte de commerce française. Elle occupe une place de premier plan dans l'économie nationale et se situe dans le peloton de tête de l'armement mondial.

En l'espace de quelques mois cette situation va être entièrement bouleversée par les événements.

D'une part les données économiques, sociales et financières de l'exploitation se sont détériorées sous l'effet de mesures dont la conjugaison pèse lourdement : augmentation des salaires, application de la loi des 8 heures, charge croissante des amortissements des emprunts contractés pour financer les constructions nouvelles, insuffisance d'une subvention dont le président Dal Piaz a voulu longtemps se passer par souci d'indépendance.

D'autre part - autre événement imprévisible - le krach de Wall Street, le fameux jeudi noir du 24 octobre 1929, déclenche la crise la plus grave que le monde ait connu, crise qui gagne bientôt l'Europe et frappe la Transat de plein fouet en 1930. Les cours des matières premières qui font l'aliment principal du fret s'effondrent, le nombre des passagers diminue fortement, ce qui entraîne des suppressions de voyages et des désarmements de navires, tandis que le déroulement inexorable du programme des constructions - s'y sont ajoutés la commande d'un nouveau gros paquebot pour la ligne de New York, le *Champlain* et la rénovation du *Paris* après l'incendie dont il a été victime en 1929 - plus les engagements en devises pour les navires commandés à l'étranger, obèrent lourdement les comptes.

La prise de contrôle par l'État

L'exercice 1930 se solde ainsi par une perte de 65 millions de francs. La Compagnie doit recourir à de nouveaux emprunts obligataires au Crédit Foncier et à la Caisse des Dépôts et Consignations, pour plus de 250 millions, augmenter son capital qui est porté de 209 à 450 millions par émission d'actions et faire appel au Trésor pour 304 millions d'avances.

La situation s'aggrave de jour en jour. Les chantiers menacent d'interrompre leurs travaux. Elle devient angoissante au début de 1931. Des concours espérés de l'extérieur, de la Compagnie des Chargeurs Réunis en particulier, font défaut au dernier moment. De nouveaux crédits sont sollicités de l'État, principal créancier, pour éponger les déficits augmentés des lourdes pertes subies par les filiales dont la situation s'est détériorée parallèlement et qui, par le jeu d'une politique imprudente d'avals et de garanties donnés par la maison mère aggravent encore son cas. Il en est ainsi notamment de la société des Voyages et Hôtels Nord Africains, l'œuvre de Dal Piaz.

Les administrateurs représentant l'Etat.

En février 1931 le gouvernement est saisi. En juin, conscient des conséquences incalculables d'une défaillance totale de la Compagnie, il intervient pour sauver la Transat de la faillite. Il décide d'accorder sa garantie à un nouvel emprunt de 160 millions contracté auprès de la Caisse des Dépôts et Consignations, mais en contre partie exige la cession à son profit des actions à vote plural, s'assurant le contrôle absolu de l'affaire. Il exige aussi la démission du conseil d'administration en place. Ces dispositions feront l'objet d'une loi qui sera votée par le parlement en juillet 1931.

Dans l'exposé des motifs de la loi, il est toutefois bien spécifié que " le gouvernement n'a nullement l'intention de créer une flotte d'Etat, mais au contraire de laisser la Compagnie Générale Transatlantique fonctionner sous le régime de la loi de 1867 ".

Une assemblée générale du 3 août 1931 ratifie la nomination d'un nouveau conseil après avoir décidé, bien que les trois quarts du capital social fussent perdus, la poursuite de la société.

Ce conseil est composé de sept membres, tous désignés par l'État. Au nombre d'entre eux : Raoul Dautry, directeur général des Chemins de Fer de l'État et René Fould, président des Chantiers et Ateliers de Saint-Nazaire Penhoët, en sont nommés Vice-présidents, Henri Cangardel est désigné comme administrateur directeur général.

Dans le même temps une commission d'étude est mise en place pour dresser un bilan complet de la situation de la Compagnie et jeter les bases d'un plan d'assainissement. Elle est présidée par un ancien ministre des finances : Germain Martin assisté de deux inspecteurs des Finances, Jean Le Bec et Pierre Laure. C'est Germain Martin qui jusqu'à la nomination d'un président du conseil d'administration de la Compagnie, en exercera les fonctions.

Le nom d'Henri Cangardel et de Pierre Laure apparaissent ainsi pour la première fois. Ils seront intimement associés désormais aux destinées de la Transat. Henri Cangardel va se révéler l'homme providentiel, artisan principal du redressement de l'entreprise et de son nouvel essor. Il va être aussi l'homme de *Normandie* dont l'achèvement, gravement compromis, sera, grâce à lui, mené à bien.

L'initiation au métier d'armateur

Henri Cangardel est dans son élément. Bien que de souche terrienne - il appartient à une ancienne famille de notaires de Marminiac, village du Lot - il a, tout jeune, manifesté un penchant marqué pour les choses de la mer et l'intention de faire une carrière maritime. C'est ce qui le conduit à l'école du Commissariat de la Marine, à Brest d'où il sort major en 1904. Il opte pour la filière de l'administration des Affaires maritimes. Et après avoir exercé les fonctions de chef de quartier dans différents ports, il est affecté à Paris, au cabinet du sous-secrétaire d'État à la marine marchande, Anatole de Monzie.

COMI

Passengers 1st class	561
— 2nd class	468
— 3rd class (cabin)	1.092
— 3rd class	1.118
Officers & Crew.	664
Total Souls on board ..	3.903

1. Verandah Café.
2. Smoking Room. 1st class.
3. Florist's shop.
4. The Lounge.
5. Gallery.
6. Entrance Hall and Main Staircase. 1st class.
7. Lift.
8. The Drawing Room.
9. Public Entrance to Wireless Telegraph Office.
10. Nursery.
11. Gymnasium.
12. Alleyway to Promenade deck.
13. Officers' Mess.
14. Officers' companion-way.
15. 1st officer.
16. 2nd officer.
17. Officers' bathrooms.
18. Wireless Station.
19. Public Wireless Telegraph Office.
20. Kennel.
21. Wireless Operator.
22. Captain's Reception Room.
23. Chart Room.
24. Submarine Signal Listening Post.
25. Wheelhouse.
26. Sports deck.
27. Motor Lifeboat fitted w
28. Promenade deck. 2nd c
29. Drawing Room. 2nd cl
30. Special State Room.
31. Barber's shop. 1st class
32. Ladies' Hairdresser. 1st
33. Special State Room Su
34. Enquiry Office. 1st clas
35. Doctor's Consulting Ro
36. Dining Room. 1st class
37. Grand State Room Sui
38. Companion-way. 3rd c
39. Cargo hatch' after hold.

ANTIQUE

”

Length	768 feet
Beam	85 feet
Depth from Main Deck	68 feet
Normal Displacement	36.696 tons
Gross Reg.	33.700 tons
Horsepower	45.000 HP.

79. Kitchens. Crew.
80. Kitchens. 3rd class.
81. Dining Room. 3rd class.
82. Staircase. 3rd class.
83. 3rd class' Quarters.
84. Crew's Quarters.
85. Stewards' Quarters.
86. Main Provision Store.
87. Head Steward. 3rd class.
88. Interpreter.
89. Typist.
90. Stewards' Refectory.
91. Stewards' Quarters.
92. Ventilating Fans.
93. Leading Stokers' Quarters.
94. Stokers' Quarters.
95. Stokers' Refectory.
96. Chain Locker.
97. Cargo Holds.
98. Granary.
99. Wine Cellar.
100. Mineral Water Store.
101. Cold Storage, poultry and game.
102. Cold Storage, meat.
103. Baggage Hold.
104. Forward Store.
105. Deck and Engine Store Room.
106. Refrigerating Machinery.
107. Auxiliary Engine Room.
108. Turbine Engine Room.
109. Stokehold.
110. Fuel Tanks.

AGNIE GÉNÉRALE TRANSATI

FRENCH LINE

SECTIONAL VIEW OF THE LINER "PARI

ess.

commodation.

40. Crew's companion-way
41. Crew's Promenade deck.
42. State Room. 2nd class.
43. Hairdresser. 2nd class.
44. State Rooms.
45. Staircase. 2nd class.
46. Laundry.
47. Bathrooms. 1st class.
48. Stewardesses.
49. State Rooms. 1st class.
50. Steward's Office.
51. Bar. 3rd class.
52. Promenade. 3rd class.
53. Bathrooms. 2nd class.
54. Dining Room. 2nd class.
55. Chief Engineer.
56. Engineers.
57. Flour Locker.
58. Bakery.
59. Kitchens. 1st class.
60. Steward's Pantry.
61. Photographie Dark Room.
62. Postmaster.
63. Post office Sorting Room.
64. Mail Room.
65. Assistant Doctor
66. Isolation Room.
67. Infirmary.
68. Lavatories. 3rd class.
69. Bathrooms. 3rd class.
70 Quartermasters' companion-way.
71. Quartermasters' Refectory.
72. Crew's Refectory.
73. Bandmaster.
74. Musicians.
75. Auxiliary Laundry.
76. Printing Room.
77. Printer.
78. Cabins. 3rd class.

Mobilisé en 1914, il sert à l'État-major de la Marine avant d'être détaché auprès du ministre, l'amiral Lacaze dont il devient un des collaborateurs les plus écoutés.

A partir de 1917, sa carrière prend une nouvelle orientation avec les missions successives dont il est chargé. Au Maroc, d'abord, auprès du général Lyautey, pour étudier la création d'une marine marchande chérifienne. En quelques semaines il jette les bases de l'organisation à mettre en place et établit les fondements d'un véritable code du commerce maritime. Cette mission lui permet, pendant qu'il enquête et se documente, d'observer ce qui l'entoure et le passionne. Les tournées qu'il effectue avec le résident général l'enthousiasment. La personnalité de Lyautey le subjugue... comme elle a subjugué Dal Piaz auquel Cangardel succédera plus tard à la présidence de la Transat.

D'autres tâches plus importantes encore l'attendent en métropole.

Ce sera auprès d'André Tardieu, qui a été placé à la tête du Haut commissariat de France aux États-Unis, chargé de coordonner les efforts de guerre franco américains. Henri Cangardel est appelé par lui, en 1918, à la direction des Transports maritimes et du Blocus. Sa tâche, considérable, couvre un très vaste domaine : assurer par tous les moyens l'acheminement des troupes et des approvisionnements en matériel de guerre et denrées diverses provenant des États Unis. Les besoins de transport sont énormes et il faut rassembler tout le tonnage disponible, de caractéristiques et d'origine les plus diverses. Cette tâche se prolongera au delà de l'armistice, jusqu'à la fin de l'année 1919.

La mission Tardieu a valu à Henri Cangardel d'acquérir une expérience inestimable : saisir à l'échelle mondiale toutes les données de l'exploitation maritime, la pratique des affrètements, avec le maniement des charte-parties, la discussion des contrats d'achat ou de vente, les problèmes d'armement, de manutention, de navigation... En faisant son apprentissage d'armateur, il a pris le goût de l'action et du risque qui vont l'orienter en direction du monde des affaires en lui révélant sa véritable vocation.

Ses talents d'armateur vont s'affirmer dans les années suivantes et lui valoir une notoriété indiscutée dans le monde du shipping. A partir de ce moment, le déroulement de sa carrière épouse étroitement celui de l'histoire de notre marine marchande.

Pour commencer, c'est à la direction de la Société des Armateurs français qu'il fait ses preuves. Cette société résulte des accords conclus entre la France et la Grande Bretagne en vue de dédommager notre marine marchande des pertes subies pendant la guerre aux services des Alliés. Treize navires pour 45 000 tdw nous sont ainsi cédés, et c'est pour les exploiter au mieux que la Société des Armateurs français est créée le 13 août 1919 avec, comme président, John Dal Piaz, alors administrateur de la Compagnie Générale Transatlantique, lequel fait appel à Henri Cangardel pour en prendre la direction. Celui-ci parvient, malgré le handicap d'un prix de revient excessif et d'une qualité défectueuse du matériel, à en tirer le meilleurs parti grâce à des affrètements judicieux conclus à des conditions avantageuses puis à s'en débarrasser à bon compte.

La flotte d'État

Survient alors, en 1918, l'épisode de la flotte d'État. Sur l'initiative de Fernand Bouisson, commissaire aux Transports et à la Marine marchande, député socialiste de Marseille et partisan convaincu de la nationalisation de la flotte de commerce, tous les navires achetés et construits par l'État pendant la guerre et qui ont été réquisitionnés pour les besoins de la conduite des hostilités, ne sont pas rétrocédés à des entreprises privées mais restent sa propriété. La flotte d'État devient une réalité.

Elle est constituée à la fois des achats et des constructions effectués par l'État lui-même, en provenance de chantiers français ou étrangers, de navires administrés par divers services publics et des navires ex-ennemis attribués à la France au titre de dommages de guerre. C'est au total une flotte de quelque 800 000 tonnes, des plus hétéroclite, que l'État décide d'exploiter en régie directe sur les lignes de navigation régulières, coloniales d'abord, puis au niveau international, et ce, en concurrence directe avec les armements français déjà implantés sur ces trafics.

Les résultats obtenus s'avèrent rapidement catastrophiques sur le plan financier et seront dénoncés avec vigueur au Parlement par les adversaires politiques de Fernand Bouisson. En 1920, la Cour des Comptes est saisie. Une conclusion s'impose : l'abandon aussi rapide que possible du principe de cette exploitation, la liquidation de la flotte d'État et sa répartition entre les armateurs patentés.

A la faveur d'un changement de gouvernement et de ministre - Alphonse Rio est le nouveau sous-secrétaire d'État à la Marine marchande - la flotte d'État est *exécutée* par une loi du 9 août 1921.

Du poste qu'il occupe à la direction de la Société des Armateurs français, Henri Cangardel, fort de son expérience et de ses relations d'amitié avec Rio, a plaidé le dossier de la dénationalisation et apporté au gouvernement sa contribution par des notes et des rapports solidement documentés qui ont fourni au ministre les arguments qui lui ont permis d'emporter le vote de la loi.

Il va maintenant jouer un rôle décisif dans les opérations de liquidation de la flotte. Plusieurs conventions sont signées en 1922 et 1923 avec l'État, par l'intermédiaire d'un consortium d'armateurs qui déterminent les conditions d'adjudication, par appel d'offre, des unités aux différents armateurs et spécialement à la Société des Armateurs français, principale intéressée. Elle crée un organisme spécial, sous le nom d'Union française et maritime pour procéder à la liquidation des quelque cent cinquante unités qui lui ont été attribuées.

C'est Henri Cangardel qui, pendant douze ans, travaillera d'arrache pied pour mener à bien l'opération et, avec succès, puisque la flotte d'État sera finalement liquidée à des conditions supérieures au prix minimum imposé par l'État, laissant un profit appréciable réparti pour 80 % à l'Administration et pour 20 % à l'Union française et maritime. Ce qui vaut à Henri Cangardel - le fait est peu courant - de recevoir des félicitations officielles du gouvernement et du Comité central des armateurs.

Arrivé à cette étape de sa carrière, parfaitement aguerri et initié au métier d'armateur, fort des succès obtenus, Henri Cangardel sent le moment venu de faire œuvre personnelle et de créer sa propre entreprise.

Ce sera l'Union Industrielle et Maritime qu'il fonde en 1925 avec le concours de quelques amis personnels. Partant d'une flotte de deux navires achetés d'occasion, l'entreprise, parfaitement gérée, s'enrichit progressivement d'unités nouvelles spécialisées dans le transport en vrac des charbons, minerais, phosphates et aciers, au petit et au grand cabotage. En 1930, la société possède une flotte homogène de douze navires représentant un port en lourd de 53 300 tonnes. Pour Henri Cangardel, c'est la consécration de longues années de labeur et d'imagination et la consolidation de sa position d'armateur chevronné dans le monde du shipping où il jouit de l'estime générale.

Tel est l'homme qui est appelé par le gouvernement, en août 1931, au secours de la Compagnie Générale Transatlantique en perdition.

Le plan d'assainissement

Le succès du plan d'assainissement qui a été dressé par la commission présidée par Germain Martin tient en deux volets. Le premier concerne la réorganisation complète de la Compagnie, amélioration des résultats d'exploitation, économie sur les frais généraux et ententes avec d'autres armements français ou étrangers. La rapide mise en place des mesures financières de renflouement qui s'imposent constitue le second volet.

Henri Cangardel s'attaque, dès le 2 octobre 1931 au premier de ces deux volets et consigne dans un rapport ses vues sur les services exploités par la Compagnie, la valeur de son matériel, son administration, ses filiales maritimes, tandis qu'il prend la direction effective de l'affaire, visite toutes les agences de France et noue des contacts avec le personnel naviguant et sédentaire.

Le second volet est affaire du gouvernement et là, les choses vont aller bien moins vite. Il faudra attendre l'année 1933 pour que la Compagnie soit, en vertu d'une nouvelle convention, dotée d'un statut définitif. Jusque là, elle fonctionne sous un régime précaire. D'incessantes difficultés de trésorerie compliquent sérieusement la tâche de ses dirigeants.

Cangardel a compris et mesuré le fait " transatlantique ", sa valeur et son esprit ; il se présente ainsi comme un défenseur et un guide plutôt que comme un réformateur à outrance. Son idée directrice est de tout faire pour maintenir l'intégrité du domaine de la Compagnie et de ne pas démanteler son patrimoine, certains armateurs étant prêts à s'en partager les dépouilles. Il se fixe comme premier objectif le réaménagement du réseau des lignes desservies, des horaires et des rotations, en fonction des saisons, puis la création de nouvelles lignes spécialisées dans des trafics en voie d'expansion comme celui des primeurs ou des bananes, ou encore le développement des croisières comme activités complémentaires. Son second objectif est d'obtenir une meilleure utilisation du matériel naval, de diminuer le nombre des navires grâce à une exploitation plus intensive et plus fonctionnelle et de comprimer les dépenses maritimes et commerciales.

Le succès de ces efforts est au rendez-vous.

Entre 1930 et 1935, jusqu'à l'entrée en service de *Normandie* et de *Ville d'Alger*, les dépenses maritimes et commerciales diminuent de plus de 52 %, les frais généraux de 33 %, les charges financières de près de 20 %. Pour ce qui est de la flotte, la moyenne d'utilisation progresse de 67 %. Cinquante-huit unités sont désarmées, dix-neuf sont remplacées par des neuves commandées avant 1930 et quarante-huit sont vendues à la démolition. Et dans le même temps, le paquebot *Champlain* commandé en 1930 entre en service en 1932 tandis que *Ile de France*, *Paris*, *Cuba*, *Mexique*, *Flandre* et *De La Salle* sont modernisés, donnant à la flotte des paquebots une nouvelle jeunesse.

La situation de la Transat paraissant maintenant consolidée, deux mesures d'importance capitale pour son avenir interviennent en 1932. Elles sont prises par le conseil d'administration lors de sa séance du 4 octobre. Une première délibération concerne la nomination d'un nouvel administrateur en la personne du gouverneur général Olivier, ancien gouverneur général de Madagascar et qui vient de s'illustrer comme adjoint du maréchal Lyautey pour l'organisation de l'Exposition coloniale dont le succès a été considérable. Le gouverneur Olivier est aussitôt appelé à la présidence de la Compagnie qui était restée vacante.

La seconde délibération *historique* fixe au 29 octobre 1932 le lancement du super paquebot, sur cale aux Ateliers et Chantiers de Penhoet à Saint-Nazaire et qui ne s'appelle encore que le T 6 avant de devenir *Normandie*.

Le paquebot *Normandie* au Havre, par Albert Brenet (© Musée de la Marine).

Normandie

Commandé au plus fort de la tourmente, le super paquebot répondait aux exigences contenues dans le cahier des charges annexé à la à la convention passée avec l'État en 1912 et qui faisait obligation à la Compagnie Générale Transatlantique de mettre en service un paquebot destiné à remplacer la *Savoie* au plus tard pendant l'été 1932 et d'en fixer les caractéristiques techniques de telle manière qu'il surpasse son devancier l'*Ile de France* mais aussi ses concurrents étrangers tels que *Bremen* et *Europa* de 50 000 tonnes et 28 nœuds de vitesse, prévus pour être mis en service respectivement en 1929 et 1930, ainsi que le super Cunarder annoncé, de 80 000 tonnes et 30 nœuds, le futur *Queen Mary*.

Ce n'est qu'en juillet 1930 que sa mise en chantier a pu être assurée après qu'ait été signé un avenant à la convention prévoyant une augmentation de la subvention de l'État et fixant les modalités du financement de la construction par des emprunts garantis par l'État. C'est aux efforts acharnés et à l'énergie farouche d'Henri Cangardel, relayé par le nouveau président Marcel Olivier, qu'il doit sa survie, après la déconfiture de la Compagnie en 1931.

Arrêter la construction alors que 300 millions de dépenses avaient déjà été engagés, c'était aller au devant d'inextricables difficultés financières, contentieuses et sociales avec le risque de chômage pour des milliers d'ouvriers des chantiers et des sous traitants. C'était aussi ruiner l'espoir placé dans la mise en chantier de ce super paquebot pour redorer le blason de la Transat. En avait-on le droit ? C'est le cas de conscience qui se pose à Henri Cangardel. Il s'en explique dans ses souvenirs : “ La décision quelqu'elle fut comportait des risques. Ceux qui ont commandé le navire avaient eu la foi. Nous avons de notre côté, avec moins d'élan et d'optimisme, eut confiance dans l'avenir... Nous avons ralenti la construction du navire dont la livraison a été retardée. Sur beaucoup de points nous avons complété et rectifié les plans initialement établis... ”

Henri Cangardel endosse donc la responsabilité de poursuivre l'œuvre commencée. Il reçoit l'appui total et précieux de Jean Marie, ingénieur en chef du Génie maritime et directeur adjoint de la Flotte et du Travail maritime au ministère de la Marine marchande, également administrateur de la Compagnie (et qui en deviendra plus tard président).

Ensemble, puis épaulés par le président Olivier, ils plaident le dossier *Normandie* dans l'opinion publique, au parlement, au gouvernement, pour obtenir les aides nécessaires qui ne se concrétiseront qu'en 1935 avec le vote de la loi du 28 juin fixant définitivement le régime du nouveau paquebot : un compte spécial des charges financières des emprunts contractés sera ouvert et supporté par l'État, la Compagnie assumant les dépenses d'exploitation et les charges générales afférentes au navire.

Dans l'intervalle, les chantiers ont poursuivi la construction. Le paquebot, mis sur cale le 26 janvier 1931, est maintenant prêt à être lancé à la date fixée du 29 octobre 1932 sous le nom de baptême de *Normandie* après avoir failli s'appeler *Président Aristide Briand* ou *Président Paul Doumer* !

Le lancement a lieu à l'heure dite - 14 h 30 - en la présence du président de la République, Albert Lebrun, madame Albert Lebrun ayant accepté d'être la marraine du navire. Une foule énorme assiste à l'événement. C'est le paquebot le plus lourd - il pèse sur son berceau 28 100 tonnes - et le plus long - 313 mètres - qui ait été jamais lancé dans le monde.

Les travaux d'achèvement se poursuivent au quai d'armement de Penhoet marqués d'incidents divers, grèves notamment, qui retardent sa livraison. Il sort finalement des chantiers pour effectuer ses essais en mer, sur la base des Glénan, du 5 au 11 mai 1935, essais couronnés de succès : la vitesse de pointe dépasse les 32 nœuds, la vitesse moyenne étant de 30 nœuds.

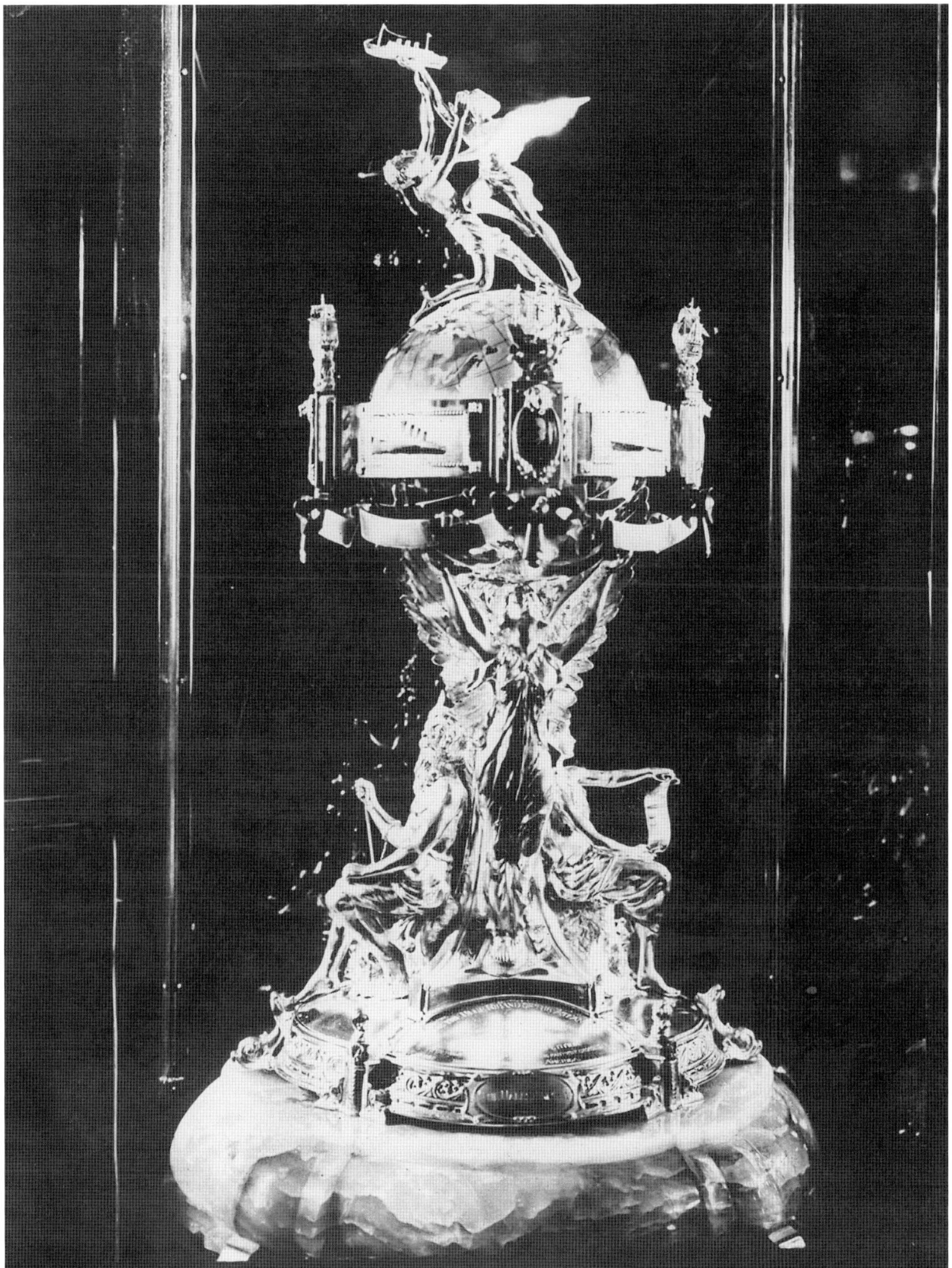

Le trophée du Ruban Bleu, tel qu'il fut remis à *Normandie* dès son voyage inaugural.
(© Collection C. de Villermont)

Normandie remontant l'Hudson, le 3 juin 1935, lors de son voyage inaugural durant lequel il conquière le célèbre Ruban bleu (© Musée de la Marine).

Il se présente au Havre le 11 mai où il est accueilli par une foule immense et enthousiaste. Le 23 mai, c'est l'inauguration officielle par le président Lebrun, suivie de réceptions qui se déroulent jusqu'à son départ, le 29 mai, pour sa première traversée transatlantique, sous la responsabilité du commandant René Pugnet assisté de Pierre Thoreux, commandant adjoint.

Le 3 juin, c'est au tour de New York de réserver à *Normandie* un accueil triomphal qui marquera dans les annales des relations franco américaines. Le paquebot arbore fièrement en tête du mât d'artimon le *Ruban Bleu* qu'il vient de conquérir en effectuant la traversée Westbound à la vitesse moyenne de 29,98 nœuds, battant le record détenu jusque là par le *Rex* de la Compagnie Italia. Il améliore son record pendant la traversée de retour qu'il accomplit à 30,31 nœuds de moyenne ! L'exploit a un retentissement mondial. L'impression produite par le navire est considérable, il surpasse toutes les réalisations précédentes tant en ce qui concerne ses caractéristiques générales que sur le plan des formes, de la technique de propulsion, de l'architecture et de sa décoration intérieure.

Les formes de carène de *Normandie*

Les formes et les tracés des coques n'avaient guère évolué depuis le début du siècle. *Normandie* innove entièrement à cet égard. Le tracé inédit des œuvres vives et des œuvres mortes, dû en grande partie à un ingénieur russe émigré en France, Vladimir Yourkevitch, est le résultat de quelque cent soixante modèles de carènes et de dix modèles de bulbes d'étrave différents étudiés au bassin des carènes. L'étrave fine, élancée et relevée, la carapace en dos de tortue qui protège à l'avant les apparaux de mouillage et le brise lame qui la complète, l'étagement particulièrement réussi des ponts sur l'arrière, les trois cheminées aérodynamiques, confèrent au navire une silhouette harmonieuse et originale.

Technique de propulsion et l'appareil moteur

Dans ce domaine encore, *Normandie* présente des innovations remarquables. Le système retenu est celui d'une propulsion turbo électrique. Vingt-neuf chaudières fournissent une vapeur surchauffée à 325° sous une pression de 23,5 kg aux turbines de quatre groupes turbo alternateurs de puissance unitaire de 40 000 ch et ces alternateurs alimentent en courant triphasé de 6 000 volts les quatre moteurs qui actionnent les quatre hélices. La formule adoptée garantit le maximum d'avantages et de confort que ce soit en matière de bruit, d'encombrement et de poids.

Le 3 juin 1935, *Normandie* est à New York et va quelques instants plus tard procéder à sa manœuvre d'accostage.
(© Musée de la Marine)

Le paquebot *Normandie* en cale sèche. Observer son étrave fine terminée par un bulbe.
(© Musée de la Marine)

L'architecture

Pour la première fois, des architectes ont été associés aux ingénieurs des chantiers pour réaliser les grands locaux communs : répartir et équilibrer les volumes, déterminer harmonieusement les proportions, utiliser les matériaux les plus nobles en liaison avec les artistes et les décorateurs.

Premier retour de New York, vers Le Havre, en juin 1935. Une grande harmonie se dégage de ce cliché montrant *Normandie* dans toute sa majesté après sa première traversée de retour à la vitesse record de 30,31 nœuds de moyenne (© Musée de la Marine)

C'est ainsi que l'on doit au talent de MM. Bouwens de Boijen et Expert la magnifique perspective depuis le jardin d'hiver à l'avant et l'enfilade de la salle de spectacle, du hall de 1re classe, du grand salon, du fumoir et de la terrasse des 1res classes, et au talent de MM. Patou et Pacon, celle allant de la chapelle à la piscine en passant par le grand hall et les salles à manger dont celle de première classe, somptueuse et monumentale avec ses 8,50 mètres de haut, 86 m de longueur, 23 m de largeur et 1 100 m^2 de surface, plus importante que celle de la galerie des Glaces de Versailles. L'ensemble de ces locaux dégage une impression stupéfiante, C'est du jamais vu !

La décoration

Elle est d'une richesse et d'une variété extraordinaires. Ni classique, ni futuriste, elle est le symbole de l'art du temps dans ce qu'il a produit de meilleur sous la signature des artistes les plus réputés. Ce qui la caractérise le mieux, peut-être, et ce qui la distingue de celle de tous les paquebots précédents, c'est le recours à des procédés décoratifs tout à fait nouveaux ainsi que la large part réservée à la sculpture comme élément d'ornementation. A titre d'exemple, on peut retenir les plus spectaculaires tels que le parti tiré de matériaux comme les miroirs, argentés, aurifiés ou brunis, en panneaux de 9,5 m de haut décorant le grand salon, signés Dupas et Champigneulle, ou comme le verre

La grande salle à manger de première classe du paquebot *Normandie*.
(© Musée de la Marine)

sous toutes ses formes, moulé, sculpté, servant d'appliques lumineuses de 5 m de haut dans la grande salle à manger et signées Labouret, ou de pots à feu de 3 m de haut signés Lalique.

Sans oublier l'utilisation des laques de Coromandel pour revêtir entièrement les murs du fumoir en panneaux de 6 m sur 6 ainsi que la porte coupe feu du grand salon, signées Dunand, ou encore le recours à l'émail champlevé sur fonte ou sur bronze pour réaliser les portes monumentales donnant accès à la chapelle et à la salle à manger, signées Schmied et Subes.

La sculpture est aussi omniprésente à bord, en bas relief, pour orner le hall des ascenseurs, la grande galerie, la salle à manger, sous les signatures de Saupique, Bouchard, Jeanniot, Delamare, Duvier, ou en statues pour couronner les grandioses perspectives de l'escalier du grill ou de la salle à manger, signées Baudry et Dejan.

A tous ces atouts s'ajoutent ceux d'une cuisine excellente et d'un servie impeccable, dans la grande tradition de la Compagnie Générale Transatlantique.

D'emblée, *Normandie* s'impose donc dans l'ardente compétition sur le marché des passagers de l'Atlantique Nord.

Six des dix médaillons de la porte de la salle à manger (représentant dix villes de Normandie) récupérés pour orner la porte d'une église américaine.

Ville d'Alger à son neuvage. Son allure rappelle l'élégance de *Normandie.*
(© Sandy Hook. Collection C. de Villermont)

Ville d'Alger

Les fastes et les succès qui ont salué l'entrée en scène de *Normandie* ne doivent pas faire oublier une autre réalisation à l'honneur de la Transat et de ses dirigeants.

Conscient du fait que la vocation de la Compagnie se devait d'être non seulement atlantique mais aussi méditerranéenne, Henri Cangardel, en dépit des difficultés du moment, ne s'est pas laissé accaparer par les exigences du trafic sur l'Atlantique Nord. Il a tenu à préserver le patrimoine que représente le réseau des lignes sur l'Afrique du Nord où elle a occupé de tout temps une position de premier plan.

Une modernisation de la flotte desservant ces lignes s'imposait car, mis à part les paquebots *Timgad* de 1911, *Lamoricière* de 1921 et *Président Dal Piaz* entré en service en 1929, elle était composée des quatre vieux *Gouverneurs généraux* de la flotte d'État Bouisson datant de 1922 et 1923.

Le fond de reconstitution alimenté depuis 1928 conjointement par l'État, l'Algérie et la Tunisie permet la mise en chantier d'une nouvelle unité. Sa commande est passée aux Ateliers et Chantiers de Penhoet en mars 1934, son lancement a lieu en février 1935 et son entrée en service en septembre de la même année, suivant de peu celle de *Normandie*.

C'est le *Ville d'Alger*. Une parfaite réussite à tous égards : 148 m de long, 19 de large, 10 172 tjb, et dont la puissance de 19800ch lui permet de filer vingt-trois nœuds. 942 passagers, répartis en trois classes, peuvent embarquer à son bord.

Avec ses deux cheminées heureusement profilées, sa coque et ses ponts bien dessinés, le paquebot offre une silhouette fine et élégante qui ne va pas sans rappeler en petit celle de *Normandie*. Les locaux communs agréablement décorés ouvrent par de larges baies sur les ponts extérieurs. Ses cabines marquent un gros progrès par rapport à celles de ses devanciers.

Le paquebot est accueilli avec d'autant plus de ferveur par la clientèle nord africaine qu'il offre d'autres innovations particulièrement bienvenues : grands entreponts pour le transport des automobiles, vastes cales ventilées pour les primeurs, grandes chambres frigorifiques pour les denrées périssables. Il va constituer un maillon essentiel de la chaîne du froid dont la Transat, avec Cangardel, sera un des principaux promoteurs.

Mais l'essentiel pour le passager est le gain de temps très appréciable que la *Ville d'Alger* lui procure grâce à sa vitesse en service de 22,5 nœuds. La traversée, de jetée à jetée, entre Marseille et Alger est réduite de 23 à 18 heures. Le passager qui quitte Alger à 15 heures peut être à Paris le lendemain soir grâce à l'accélération des trains paquebots que le P.L.M. met en service pour assurer par transbordement direct la correspondance avec le paquebot.

Le succès de *Ville d'Alger* ne se démentira pas tout au long de sa carrière qui se prolongera pendant la guerre comme transport de troupes et, au delà, en participant à l'exode des pieds noirs en 1962. Rénové, avec une seule cheminée, *Ville d'Alger* naviguera sous les couleurs de la Transat jusqu'en 1966 puis sera vendu à un armateur grec.

Le bananier *Fort Duquesne*.

La flotte bananière

Si le nom d'Henri Cangardel reste indissolublement lié à la mise en service de *Normandie* et *Ville d'Alger* en 1935, il est aussi attaché à une réalisation remarquable qui a fait honneur au pavillon français : la création d'une flotte bananière.

Conscient de l'insuffisance et des imperfections du transport des fruits par les cargos classiques, même rapides, qui desservent les Antilles, conscient aussi de l'avenir de la culture de la banane et de l'essor du trafic qu'elle générera, conscient enfin de la nécessité d'agir vite pour faire face à la concurrence grandissante des pavillons étrangers, Henri Cangardel s'attache à constituer une flotte de navires spécialisés, ventilés et réfrigérés, par l'intermédiaire d'une filiale : La Compagnie Générale d'Armements Maritimes. L'impécuniosité du moment l'oblige à faire d'abord l'acquisition de navires d'occasion qui sont transformés, avant de pouvoir passer commande pour la construction d'unités neuves parfaitement adaptées au trafic des fruits.

En 1934, la flotte de la C.G.A.M. compte 5 bananiers pour 11 000 tjb qui transportent 14 000 tonnes de fruits. En 1939, à la veille de la guerre, cette flotte est de 15 unités totalisant 80 000 tjb et transporte 100 000 tonnes de bananes.

C'est une nouvelle réussite à porter au crédit de la Transat en la personne de son directeur général.

Pour en revenir à *Normandie*, l'admiration que lui portent les foules et la vogue dont il jouit ne faibliront pas de mai 1935 à septembre 1939. Même l'affrontement qui l'oppose au *Queen Mary* et la course de vitesse que se livrent les deux super paquebots en se disputant le Ruban bleu, ne font que le mettre davantage en vedette. Après avoir amélioré son record de 1935 en 1937 avec une traversée à 31,2 nœuds de moyenne, c'est finalement *Queen Mary* qui s'adjugera le trophée en 1938 à la vitesse de 31,69 nœuds, effectuant la traversée en quatre jours et une heure, mais disposant, pour être juste, d'une puissance de 185 000 ch contre 160 000 pour *Normandie*.

Sur le plan commercial, *Normandie* affiche d'excellents résultats. En 139 traversées, il a transporté 132 508 passagers, soit une moyenne de 935 par voyage. Tout ce que le monde compte de célébrités dans tous les domaines : politique, artistique, diplomatique, économique, sportif... prend passage à son bord.

Mais ce brillant palmarès ne reflète pas toute la réalité de la situation que la Transat connaît entre 1935 et 1939, avec les à coups inévitables d'une exploitation soumise aux fluctuations économiques, financières et sociales. Alors que l'exercice 1936 s'ouvre sous des auspices très favorables, tout est remis en cause à partir du mois de mai avec l'avènement du Front populaire. Conflits sociaux, hausses des salaires, institution des congés payés et de la semaine de 40 heures, dévaluation du franc, affectent gravement l'exploitation.

En 1937 une embellie passagère intervient grâce à l'Exposition internationale de Paris qui provoque une augmentation sensible du trafic des passagers et qui vaut à Henri Cangardel une nouvelle consécration de sa notoriété en étant appelé par le commissaire général de l'Exposition, Edmond Labbé, à la présidence de la classe Marine marchande, Navigation intérieure, Ports et Pêches.

En 1938 de nouvelles grèves très dures affectent la Transat, allant jusqu'à entraîner l'annulation d'un départ du paquebot *Champlain* alors que tous les passagers ont déjà embarqué. L'effet causé est désastreux. Mais, plus grave encore, est la perte du paquebot *Lafayette* qui est la proie des flammes alors qu'il est en carénage dans la cale sèche du Havre le 6 mai. Ces événements entraînent de profonds remous politiques qui mettent en cause les dirigeants de la Transat, le président Olivier et le directeur général, Cangardel, en tête.

Triste fin pour ce géant des mers. *Normandie* chaviré dans le port de New York, après son incendie.
Cliché pris le lendemain du dramatique 9 février 1942. (© Musée de la Marine)

L'entrée en guerre

La situation en 1939 s'assombrit encore sous l'effet de la tension internationale qui s'aggrave de jour en jour et, comble de malchance, à la suite d'un nouveau sinistre - l'incendie du paquebot *Paris* dans la nuit de 18 au 19 avril - qui provoque son chavirement dans le bassin de Marée du Havre. Le prétexte de ces événements malheureux est alors invoqué par les autorités de tutelle pour réorganiser la direction. Le président Olivier est désigné comme commissaire général de la section française à l'Exposition internationale de New York et il est remplacé à la présidence du conseil d'administration de la Compagnie Générale Transatlantique par Jean Marie, directeur de la Flotte de commerce et du Travail maritime. Henri Cangardel conserve son poste de directeur général.

Août 1939 : les événements se précipitent. Le 28, *Normandie* est en escale à New York et reçoit peu après l'ordre d'y rester à l'abri, dans la crainte d'un torpillage en Atlantique, la guerre ayant été déclarée le 2 septembre. Il est désarmé le 6, ne conservant à son bord qu'un noyau réduit de 113

DANS LE PORT DE NEW-YORK

"Normandie" a été ravagé par les flammes

L'incendie, qui a fait de nombreux blessés, serait dû à l'imprudence d'un ouvrier

ON ESPÈRE POUVOIR RENFLOUER LE NAVIRE QUI S'EST COUCHÉ SUR LE FLANC

« Normandie » arrivant dans le port

Suite page 3, col. 1

« Normandie »

Les victimes

Le plus grand bateau du monde

"Normandie" EN FLAMMES dans le port de New-York

DANS LE PORT DE NEW-YORK

Un mystérieux incendie a détruit le "Normandie"

Le paquebot géant s'est couché sur le flanc
Mais on va tenter de le renflouer

Le Normandie, *le plus beau paquebot de France, qui fut le plus grand bateau du monde avant la construction du* Queen Mary, *n'est plus ! Sa carcasse achève de brûler dans le port de New-York, où il était immobilisé depuis le début de la guerre !*

Ce paquebot moderne, immense ville flottante munie de tout le confort, mesurait 313 mètres 75 de longueur, 36 mètres 40 de largeur et avait une jauge brute de 83.423 tonnes. En charge normale, il déplaçait 68.836 tonnes et emportait 2.000 passagers et un équipage de 1.300 hommes. Ses machines développaient une puissance de 160.000 chevaux, lui permettant de filer à une vitesse de 31 nœuds à l'heure, au maximum. Il mettait 4 jours et 12 heures pour traverser l'Atlantique.

Le Normandie *avait quitté Saint-Nazaire, où il avait été lancé, le 6 mai 1935. A la fin du même mois, il entreprenait son premier voyage et arrivait le 3 juin à New-York. Au cours de ce trajet, il avait ravi le ruban bleu, détenu par un paquebot italien. Il conserva ce trophée jusqu'au lancement du* Queen Mary, *avec lequel, on s'en souvient, il soutint une lutte épique.*

A plusieurs reprises, les Américains avaient menacé de réquisitionner ce paquebot, ancré dans la rade de New-York. Au moment où éclata le conflit du Pacifique, au début de décembre dernier, ils mirent leur menace à exécution, malgré les protestations de Vichy.

Le Normandie *devait être transformé en porte-avions. Depuis quelques semaines, des milliers d'ouvriers travaillaient à son équipement nouveau.*

L'incendie qui a anéanti ce géant des mers est-il imputable à un accident ou s'agit-il d'un acte de sabotage ? Le saura-t-on jamais ? Constatons simplement que le sinistre est pour le moins étrange !...

Une des dernières photos du « Normandie » montrant un surveillant faisant la ronde sur le pont supérieur.
(Photo FULGUR.)

Le "Normandie" avait été construit sous le "signe de la sécurité"

Il est inutile, du moins pour l'instant, de chercher à déterminer les causes du formidable incendie qui vient de ravager la plus belle unité de la flotte marchande française. Accident ? Attentat ? Les détails nous manquent encore pour que nous puissions nous faire une opinion à ce sujet.

Ce que l'on peut dire, c'est que tout était prévu à bord pour prévenir le feu. Les ingénieurs avaient mis de leur côté toutes les meilleures chances. Jamais paquebot ne fut l'objet d'autant d'études et de soins en vue d'assurer la sécurité des passagers.

Il faudrait des pages entières pour décrire dans le détail le vaste équipement ultra-moderne qui permettait d'affirmer que le *Normandie* était construit « sous le signe de la sécurité ». Le fait brutal que nous enregistrons, aujourd'hui, ne semble cependant pas démentir cette affirmation.

Des travaux étaient poursuivis, en effet, sur le *Normandie*, dans le but de le transformer en navire transporteur de troupes. Il est possible, alors, que son dispositif de sécurité ait été partiellement désorganisé, ce qui expliquerait la rapidité avec laquelle s'est développé le sinistre.

Le nombre des victimes pourrait donner quelque valeur à cette hypothèse.

Quoi qu'il en soit, l'incendie du *Normandie* reste pour nous assez mystérieux.

On avait poussé la prudence jusqu'à n'utiliser sur le navire que des matériaux incombustibles : marbre, verre, laque, stuc. Toutes les fois qu'on fut forcé d'employer des matériaux ne répondant pas à cette condition, on les a bardés de matières isolantes ou ingnifuges.

Le paquebot était divisé, en tout sens, par des cloisons qui devaient éviter la propagation du feu.

Celui-ci aurait, d'ailleurs, a été rapidement découvert par le personnel de spécialistes qui exerçait à bord une surveillance constante.

Plus de mille avertisseurs automatiques ou à main, des sonneries d'alarme se trouvaient reliés à un poste central de sécurité.

Tout un système d'installations automatiques d'extinction par eau, par mousse, ou par gaz carbonique était en état de fonctionnement.

Dans chaque cabine était installé un détecteur d'incendie, dans les coursives on notait plus de 30 tableaux de signalisation, tous reliés au poste central.

En cas d'alerte une lampe rouge s'allumait sur un de ces tableaux et au poste central. On était ainsi renseigné aussitôt sur le lieu d'incendie.

Mille soixante-dix-sept détecteurs d'incendie composaient le circuit de sécurité.

A bord se trouvaient, en outre, cinq pompes de trois cents tonnes, 450 extincteurs de 10 litres installés dans près de 200 armoires d'incendie et des extincteurs portatifs en grand nombre.

Le *Normandie* était le premier paquebot sur lequel fut généralisé l'emploi de détecteurs ou avertisseurs d'incendie dans tous les locaux communs et dans toutes les cabines.

Comme on voit, tout était prévu, et pourtant le *Normandie* a brûlé...

hommes. Redoutant un sabotage du paquebot, les américains envoient en mai 1941 un détachement de Coast Guards, chargé de collaborer avec l'équipage à la sécurité du navire.

Le 7 décembre, c'est l'attaque de Pearl Harbour par les Japonais, suivie le 11 par l'entrée en guerre des États Unis contre l'Allemagne et l'Italie. Le 22 décembre, tous les navires français immobilisés aux États Unis sont saisis et réquisitionnés, les équipages débarqués et remplacés par des américains. Le 27 décembre la décision est prise de transformer *Normandie* en transport de troupes sous le nouveau nom de *Lafayette*. Il est alors pris en charge par l'US Navy. Les travaux commencent aussitôt et se déroulent dans la hâte et la confusion. Leur achèvement est programmé pour la fin de février 1942.

C'est alors que le 9 février à 14 h 35 une équipe de soudeurs travaillant au chalumeau au démontage du grand salon met le feu accidentellement à des piles de ceintures de sauvetage en kapok entreposées sur place. Le feu non maîtrisé à son début et les secours mal coordonnés font que l'incendie se propage rapidement. Les pompiers de New York accourus déversent avec leurs bateaux-pompes des tonnes d'eau qui s'accumulent dans les hauts du navire, provoquant son chavirement dans les eaux glacées de l'Hudson à 2 heures 45 le lendemain. C'est une perte totale !

Elle est profondément ressentie à Paris et dans tout le pays, mais plus particulièrement par ceux qui, comme Henri Cangardel, s'étaient dévoués corps et âme pour faire de ce magnifique navire, porteur de tous les espoirs de la Compagnie Générale Transatlantique le symbole de l'art, de la technique et du génie français.

L'occupation

Les mois qui suivent sont marqués par d'autres épreuves bien plus graves encore. La guerre étend ses ravages tandis que l'ennemi occupe notre territoire, la flotte, les installations portuaires subissent des dégâts considérable.

Henri Cangardel quant à lui, dès le début des hostilités, cédant aux instances de son ami Alphonse Rio, de nouveau ministre de la Marine marchande, prend à Londres la direction de la Mission des Transports maritimes pour coordonner avec nos alliés anglais toutes les questions maritimes, des approvisionnements et des affrètements notamment. Il s'y consacre avec toute l'énergie et la compétence qui le caractérisent jusqu'à l'armistice du 22 juin. L'annonce de cet armistice jette la consternation et le désarroi dans la mission dont l'activité n'a plus d'objet.

Henri Cangardel se trouve alors confronté à un douloureux cas de conscience : rester en Angleterre sous les couleurs de la France Libre pour procéder à la liquidation de la mission ou rentrer en France occupée pour reprendre son poste à la tête de la Compagnie Générale Transatlantique dont il assume toujours la charge. Conscient de son devoir et de ses responsabilités, soucieux de partager le sort de son personnel, il décide d'obtempérer à l'ordre qu'il reçoit de rallier par n'importe quel moyen la France et de se mettre à la disposition du ministre de la Marine marchande pour recevoir ses instructions. Il quitte Londres le 19 juillet 1940 et ne parvient à Vichy que le 1er août.

Le gouvernement Pétain est en place. L'amiral Darlan est secrétaire d'État à la Marine, englobant dans ses attributions la marine militaire et la marine marchande. Henri Cangardel est chargé d'établir un bilan de la situation de notre flotte de commerce et d'étudier les conditions de son relèvement. Il consigne ses conclusions dans un rapport remarquable adressé à l'attention du ministre des Finances et de l'Économie nationale. Il se rend ensuite en mission en Afrique du Nord pour inspecter les agences et les navires de la Transat fonctionnant encore et étudier les meilleurs moyens de contribuer au ravitaillement du pays.

A Vichy, dans le cadre de la politique de reconstruction nationale qu'il s'efforce de promouvoir, le gouvernement Pétain met au point une série de textes législatifs dont certains visent la Compagnie Générale Transatlantique en tant que concessionnaire de services maritimes et bénéficiaire de la garantie de l'État pour le service de ses emprunts. C'est ainsi qu'une loi du 29 novembre 1940, relative à la haute administration de la Compagnie, met en place un nouveau conseil d'administration dont la présidence revient à Henri Cangardel.

Pour Henri Cangardel, c'est la consécration des neuf années de luttes incessantes et de labeur qu'il vient de vivre au service de l'entreprise qu'il a sauvée du naufrage.

Sa présidence va s'exercer dans un climat très éprouvant. Dans la longue suite des jours sombres de la guerre et de l'occupation, les années 1942, 43 et 44 marquent le *creux de la vague*. Coïncidant à un mois près avec le désastre de *Normandie*, le naufrage du paquebot *Lamoricière* en Méditerranée, qui fit ne nombreuses victimes, plonge la Transat dans le deuil. Peu après, l'extension des hostilités en Afrique du Nord met fin à l'exploitation des derniers services assurés sur la Méditerranée et le Maroc. Jusqu'à la Libération en août 1944, les installations portuaires, objet de bombardements répétés sur Saint Nazaire, Nantes, Le Havre et Marseille, sont pratiquement anéanties. Les dernières unités naviguant encore sont, qui réquisitionnées, qui coulées ou sabordées.

La Libération

Un des premiers soins du Gouvernement provisoire mis en place par le général De Gaulle est d'annuler les textes promulgués par le gouvernement de Vichy et en particulier ceux qui concernaient la Compagnie Générale Transatlantique. En conséquence, un décret du 9 décembre 1944 nomme un nouveau conseil d'administration de la Compagnie avec Jean Marie comme président.

La *Ville d'Alger*, modernisée en 1950, a perdu une cheminée comme l'*Ile de France.*
(Collection C. de Villermont)

Pour Henri Cangardel, la page de la Transat est tournée. Celui qui en fut le sauveur et le guide doit se retirer. Il reprend sa place à l'Union Industrielle et Maritime qu'il avait créée et qui va connaître sous son autorité un grand développement dans les domaines du tramping, des moyens et gros porteurs, des lignes de Méditerranée et du Portugal et des sociétés de remorquage.

Il prend sa retraite définitive en 1967 et décède le 30 janvier 1971.

De tous les grands patrons que la Transat a connus, Henri Cangardel est incontestablement celui dont le règne a été le plus agité. De tous les navires qui ont arboré son pavillon, *Normandie* est celui qui a porté au plus haut le renom de la France. Henri Cangardel et *Normandie* ont marqué de leur nom le chapitre le plus tourmenté de l'histoire de la Compagnie Générale Transatlantique.

CHAPITRE III

Jean Marie et Edmond Lanier
Liberté et *France*

Le président Jean Marie, chaussé de ses célèbres lunettes à forte monture d'écaille, photographié par Harcourt, à Paris.
(© Collection de l'auteur)

La situation de la Compagnie Générale Transatlantique, lorsque Jean Marie en reprend la présidence, le 7 décembre 1944, succédant à Henri Cangardel, ne ressemble en rien à celle qu'il avait trouvée le 16 mai 1939 quand il avait été appelé à la présider une première fois, en remplacement du gouverneur général Olivier.

Entre ces deux dates, la guerre a fait son œuvre !

Le tableau des pertes subies par la Compagnie est tristement éloquent :
- 13 paquebots pour 191 542 tjb soit 61,7 %
- 17 cargos pour 125 506 tjb soit 58 %.

Au total 30 unités pour 317 506 tjb représentant 60,2 % de la flotte en service en septembre 1939. S'y ajoutent les dommages causés aux installations à terre dans les ports de Dunkerque, Le Havre, Nantes, Saint-Nazaire, Bordeaux et Marseille qui ont été en grande partie détruites.

L'effort de reconstruction qui s'impose est gigantesque et urgent, spécialement pour la desserte de la ligne Le Havre-New York. Le président Jean Marie est de taille à l'assumer. Il a pour lui de connaître déjà l'entreprise pour avoir été à sa tête durant plus d'une année. Il est au fait de son organisation, de ses hommes et de ses traditions. Sa formation de polytechnicien et d'ingénieur du Génie maritime lui vaut de maîtriser parfaitement les problèmes de la technique de la construction navale, de même que les rapports avec les dirigeants des chantiers. Ils parlent le même langage.

Sa carrière à la direction de la Flotte de commerce et du Travail maritime l'a familiarisé avec les problèmes de l'exploitation, économiques, financiers ou sociaux et il est doté d'un tempérament d'une robustesse, d'un équilibre et d'un optimisme à toute épreuve. C'est aussi un bon vivant, amateur de bonne chair, d'art, de poésie, au contact direct et chaleureux.

Il est armé pour affronter et surmonter les pires obstacles. Tel est l'homme qui, sans délai, s'attelle à la tâche redoutable de remettre à flot une Transat sortie exsangue de cinq années de guerre. Il trouve pour l'assister une équipe de collaborateurs chevronnés et de haut niveau d'où se détache au poste de secrétaire général d'abord, de directeur général ensuite, celui qui, pour finir, lui succédera à la présidence de la compagnie : Edmond Lanier.

La reconstruction de la flotte s'opérera en deux temps.

On va d'abord, pour parer au plus pressé, faire feu de tout bois en récupérant des navires rescapés pouvant être remis en état et reprendre le service. On passera ensuite au stade de la reconstruction en passant commande d'unités nouvelles dotées des derniers perfectionnements techniques.

Les paquebots

Pour s'en tenir aux seuls paquebots, la situation est particulièrement critique, surtout sur la ligne de l'Atlantique Nord qui constitue l'artère vitale de la Transat, celle où se joue l'avenir et la réputation de la compagnie. Or de tous les paquebots d'avant-guerre, seul reste à flot l'*Ile de France* mais naviguant encore pour le compte des Alliés, comme transport de troupes. Un autre est récupérable, le *De Grasse* qui est envasé dans le port de Bordeaux après avoir été coulé par les Allemands avant de s'enfuir.

Les autres paquebots sont perdus : *Lafayette*, en 1938 et *Paris*, en 1939, incendiés accidentellement dans le port du Havre, *Champlain* a sauté sur une mine à la sortie de La Pallice le 17 juin 1940. Quant à *Normandie*, il a été, dans les circonstances que l'on sait, la proie des flammes avant de chavirer dans les eaux de l'Hudson à New York le 10 février 1942.

Les efforts vont donc porter par priorité sur la remise en état du *De Grasse* et de l'*Ile de France*. Mais en attendant et pour bien marquer sa volonté de reprendre au plus tôt sa place dans le trafic des passagers, la Transat, à l'instigation de son président, met en service dès 1946, deux cargos mixtes *Washington* et *Orégon*. Ils sont les premiers à ramener des passagers sous les couleurs de la Compagnie Générale Transatlantique dans le port de New York et reçoivent de la part des américains un accueil extrêmement chaleureux, regagnant d'emblée l'estime et la confiance d'une clientèle heureuse de pouvoir à nouveau voyager «français».

La faveur de cette clientèle va se confirmer bien davantage encore avec le retour du paquebot *De Grasse* sur la ligne.

De Grasse sera en effet le premier bâtiment important à reprendre du service sur l'Atlantique Nord. C'est par un habile subterfuge qu'il avait pu être soustrait à la réquisition allemande en l'utilisant comme pseudo navire école d'apprentissage pour le compte de l'amirauté française.

A Bordeaux, les travaux de renflouement sont effectués en un temps record. Le navire est ensuite remorqué à Saint-Nazaire pour être confié aux Chantiers et Ateliers de Penhoët qui, eux aussi, vont mettre les bouchées doubles pour le rénover entièrement, si bien qu'il est prêt dès juillet 1947 à rallier New York. Il connaît un succès formidable, transportant plus de dix mille passagers dans l'année. Grâce à lui, la Transat est de nouveau dans la course !

Ile de France suivra en 1949 après avoir subi, lui aussi une cure de rajeunissement complète au cours de laquelle il perdra sa troisième cheminée. Il s'illustrera ensuite par des succès et des actions d'éclat exceptionnels relatés précédemment.

Ainsi *De Grasse* en 1947 et *Ile de France* en 1949 ont été les deux premiers jalons sur la voie de la résurrection de la flotte transatlantique opérée sous l'égide du président Jean Marie. Mais c'est l'année 1950 qui va marquer un nouveau et décisif progrès avec l'entrée en ligne de *Liberté*, l'ex-*Europa*, paquebot allemand attribué à la France.

Le paquebot *Liberté*, en pleine vitesse, saluant de sa sirène un autre navire de la Transat. Observez les passagers assemblés à l'avant tribord. Cette vue montre *Liberté* avec ses cheminées courtes, avant qu'elles ne soient rehaussées.
(Collection de Villermont)

D'*Europa* à *Liberté*

Construit par les chantiers Blohm et Voss de Hambourg, en même temps que son sister-ship, le *Bremen*, pour le compte du Nord Deutscher Llyod - saisissant témoignage du relèvement de l'Allemagne dix ans à peine après sa défaite de 1918 - *Europa* est lancé le 15 août 1928, et le *Bremen* le lendemain. Son entrée en service était prévue pour 1929 et s'est trouvée retardée de dix mois du fait d'un incendie survenu au cours des travaux d'achèvement de sa construction. Ce n'est donc que le 19 mars 1930 qu'*Europa* entreprend son voyage inaugural à destination de New York.

Les caractéristiques d'*Europa* le situent au quatrième rang du classement mondial, après *Normandie*, *Queen Mary* et *Rex* : 51 840 tjb, longueur 287 mètres, largeur 31 mètres, puissance 130 000 ch. Il peut embarquer plus de 2 000 passagers.

Son appareil moteur présente des innovations révolutionnaires pour l'époque : chaudières à vapeur surchauffée à 380° sous pression de 25 kg/cm^2, quatre groupes de turbines à triple expansion couplées à des réducteurs à engrenages. Sa silhouette est élégante, avec deux cheminées basses, un arrière de croiseur et son étrave dotée d'un bulbe. Sa vitesse dépasse les 27 nœuds ce qui lui vaut d'être, à l'époque, détenteur un moment du Ruban bleu avec 27,91 nœuds de moyenne. Il se disputera le record avec son sister-ship à plusieurs reprises mais ce sera finalement le *Bremen* qui l'emportera avec une traversée à 28,51 nœuds de moyenne.

A la déclaration de la guerre, en septembre 1939, *Europa* se trouve à Bremerhaven. Il est dirigé vers Hambourg pour y être aménagé en transport de troupes dans la perspective de l'invasion de l'Angleterre suivant les plans du chancelier Hitler. Il fut même question, un moment, de le transformer en porte-avions ! De retour à Bremerhaven, sous sa tenue militaire, il va y rester durant toute la durée des hostilités si bien qu'en mai 1945, il est saisi par les américains qui l'utilisent alors pour le rapatriement de leur corps expéditionnaire aux États-Unis. Un an plus tard, en mai 1946, attribué à la France, il rejoint Cherbourg.

Cette attribution a été le résultat des négociations engagées par l'Agence Interalliée des Réparations. Le paquebot revient à la France au titre des réparations des dommages de guerre et il est remis à la Transat en compensation partielle de la perte de *Normandie*. C'est un appoint de taille... et de qualité.

Liberté

Europa est reçu le 14 juillet 1946 et rebaptisé *Liberté* au cours d'une cérémonie présidée par le ministre des Travaux publics, Jules Moch, Mme Jules Moch étant la marraine du paquebot. Le nom de *Liberté* rompt avec la tradition en usage à la Transat et a été choisi et imposé par la marraine ; il traduit bien le climat de l'époque. Quelques jours plus tard, l'inauguration du paquebot est l'occasion pour M. Gaston Deferre, ministre de la Marine marchande, de remettre à Jean Marie la plaque de Grand officier de la Légion d'honneur en reconnaissance des éminents services rendus par le grand armateur et le grand technicien qui préside aux destinées de la Compagnie Générale Transatlantique.

Liberté est alors remis aux ateliers du service technique de la Transat au Havre pour y subir les travaux de réfection indispensables en vue de son exploitation commerciale. Son entrée en service sur la ligne de New York est programmée pour le milieu de l'année 1947.

Les circonstances vont en décider autrement.

Les travaux étaient à peine entamés que dans la nuit du 8 au 9 décembre 1946, un ouragan d'une extrême violence, accompagné d'un raz de marée, ravage le port du Havre. *Liberté* rompt ses amarres, entraînant son corps mort et les deux ancres sur lesquelles il était mouillé et part à la dérive... Il heurte de l'avant les enrochements du quai nord du bassin de marée et de l'arrière, l'épave du paquebot *Paris* qui, depuis 1939, encombrait toujours le port. D'importantes voies d'eau se déclarent et le paquebot prend une gîte impressionnante et menace de chavirer. La rapidité des secours permet heureusement de placer un batardeau pour obstruer la voie d'eau principale. Le paquebot se redresse et finit par s'échouer, droit, sur le fond de vase.

Après de longs et difficiles travaux de renflouement, le paquebot est remis à flot en avril 1947. L'importance des réparations à effectuer nécessite un séjour aux Chantiers de Saint-Nazaire où il arrive le 11 novembre 1947. La décision est alors prise par le président Jean Marie de profiter des circonstances pour rénover complètement les emménagements, de style très germanique, pour donner au navire, une personnalité nouvelle et, à sa décoration, une touche française. Décision des plus heureuse qui va procurer à la Transat le moyen, grâce au brillant tandem constitué par *Ile de France* et *Liberté*, modernisés, de reconquérir dans le trafic des passagers sur l'Atlantique Nord une place de premier plan. Les chiffres ne vont pas tarder à le prouver.

En fait, lorsqu'il sort des Chantiers de Saint-Nazaire en août 1950, *Liberté* est méconnaissable. Sa rénovation est une réussite parfaite. Les installations anciennes, qui ne manquaient pas d'allure, dégageaient une impression de lourdeur, de raideur et de froideur qui n'incitait guère à la joie de vivre. Elles font place à un cadre rajeuni où règne la légèreté, la clarté, la couleur. Les décorateurs ont réalisé un merveilleux travail de restauration et Jean Marie a tenu à les choisir lui-même, à l'instar de son prédécesseur, John Dal Piaz pour *Ile de France*.

Les emménagements

La décoration des grands locaux du paquebot est signée des noms les plus réputés du moment. Parmi les réalisations les plus spectaculaires et les plus réussies, on retiendra, à titre d'exemple typique du changement de style, le grand salon de 1re classe, signé Spade. C'est un local de proportions imposantes : quarante mètres sur vingt. Les douze colonnes qui l'entourent, autrefois traitées dans un

L'appartement de luxe «Alsace» à bord du paquebot *Liberté*, style sobre en faveur à l'époque.
(© Collection de Villermont)

style néo-égyptien insipide, resplendissent maintenant sous un revêtement de laque d'or. Les murs sont tapissés de «dilophane», matière synthétique très décorative employée pour la première fois, préfigurant l'usage généralisé de ces nouveaux matériaux à bord de *France* en 1962. L'ancien plafond, sombre, à décor de grecques, est transformé en caissons lumineux, diffusant une lumière intense qui fait ressortir le rouge vermillon des fauteuils recouverts de tapisserie d'Aubusson. L'harmonie de l'ensemble est dominée par la magnifique laque de Dunand, provenant du fumoir de *Normandie* : " la Chasse ".

Autres locaux remarquablement réussis : la salle à manger des premières classes, longue de trente-trois mètres et haute de neuf, d'une capacité de 490 couverts, aux murs rehaussés de très belles peintures de Despierre et Aujame et dominée par une imposante statue signée de Landowski, représentant la France ; le fumoir des premières, décoré par Mme Darbois Gaudin et orné d'un autre et superbe panneau de laque de Dunand, " les Vendanges ", récupéré aussi de *Normandie* ; la grande

La suite «Arromanche» à bord de *Liberté*.
Les noms des suites et appartement de luxe avaient été choisis en fonction même du nom du paquebot.
(© Collection de Villermont)

galerie à usage de salon de correspondance et de bibliothèque, menant au grand salon, signée Leleu, avec une décoration murale due à Hilaire...

C'est une pléiade de talents remarquables qui s'est investie dans l'ouvrage, et on pourrait citer des décorateurs tels que Domin, Dennery, Dominique, Klein, Maxim Old... ou des peintres comme Souverbie, Méheut, Brayer, Martin Sauvaigo... Le résultat est d'une incontestable beauté et si ce n'est pas la somptuosité et la majesté rencontrées sur *Normandie*, c'est un chef d'œuvre de raffinement, d'élégance et de charme.

Cette réussite constitue pour Jean Marie un motif de grande satisfaction. Le succès de *Liberté* s'affirme dès son premier voyage. Parti du Havre le 17 août 1950 sous le commandement d'Hervé Le Huédé, il emmène à son bord 1 400 passagers au nombre desquels figurent Gaston Deferre, ministre de la marine marchande, Edgar Faure, ministre du budget, Madame Jules Moch, sa marraine ainsi que le président Jean Marie. Il arrive à New York le 23 août et y reçoit un accueil enthousiaste. Les américains retrouvent en lui les qualités et le style incomparable qui perpétuent les traditions transatlantiques et le renom de la " French Line ". Avec *Ile de France* et *Liberté*, exploités en tandem, la Compagnie Générale Transatlantique retrouve un standing à la hauteur de sa réputation. Elle peut enfin offrir à sa clientèle un service régulier avec une fréquence et des horaires bien adaptés.

Les conséquences se font immédiatement sentir. Les chiffres sont parlants. Alors que la dernière année avant la guerre, le nombre des passagers transportés sur la ligne de New York avait été d'environ 65 000, il était tombé à une vingtaine de milliers en 1949. La Transat avait rétrogradé au sixième rang des armements desservant la ligne.

A la fin de l'année 1950, grâce à *Ile de France* et à *Liberté*, ce chiffre remonte à 60 569, plaçant la Transat au second rang. Elle consolide sa position en 1951 avec 79 229 passagers transportés et maintient son rang immédiatement après la Cunard. C'est au voisinage de ce chiffre de 80 000 passagers que s'inscrivent les résultats des années 1952 et 1953, chiffre à rapprocher de celui de 84 000 qui avait été enregistré en 1937, année d'exceptionnelle activité grâce à l'Exposition universelle à Paris et aux fêtes du couronnement en Angleterre.

C'est le moment, en 1952, où l'on commence à parler du remplacement des paquebots *De Grasse*, *Ile de France* et *Liberté* qui sont âgés respectivement de vingt-huit, vingt-cinq et vingt-deux ans et que les premiers avant-projets d'une nouvelle unité sont étudiés avec les Ateliers et Chantiers de Saint-Nazaire.

Le redressement spectaculaire opéré sur la ligne de New York ne doit pas faire oublier l'effort remarquable développé parallèlement, sous la conduite de Jean Marie, pour la reprise de l'exploitation des autres lignes et la reconstruction de la flotte de charge.

Le bilan de cet effort se résume en quelques chiffres éloquents : quatre-vingt-deux navires sont en service en 1952 pour 520 806 tjb, à comparer aux quatre-vingts navires et aux 537 177 tjb de 1939. Les pertes infligées par la guerre sont intégralement comblées et le domaine exploité par la Transat s'est enrichi, en 1948, des services sur la Corse, assurés antérieurement par la Compagnie Fraissinet.

Le passé se trouvant apuré, c'est vers l'avenir que le président Jean Marie se tourne délibérément en posant le dernier jalon du renouvellement du matériel exploité sur la ligne de l'Atlantique Nord et en investissant dans le transport aérien, dans un souci de coordination avec le transport maritime, pour ménager l'avenir car il est parfaitement conscient du développement auquel l'avion est appelé et de la menace qu'il représentera à plus ou moins longue échéance pour le paquebot. Mais les événements montreront que cette concurrence va progresser à un rythme qui dépassera toutes les prévisions.

Il est frappant de constater combien, à cet égard, sa démarche rappelle celle de son prédécesseur, le président John Dal Piaz.

De même qu'on n'a pas pu retracer l'œuvre de ce dernier sans évoquer son rôle de précurseur dans le domaine des voyages touristiques, en ouvrant le Maghreb au tourisme international avec la création de la société des Voyages et Hôtels nord africains, en 1925, ensuite, dans le domaine des transports aériens, avec la création, à partir du catapultage de l'hydravion de *Ile de France*, de la Société transatlantique aérienne, en 1928, de même, on ne peut pas passer sous silence l'action menée par le président Jean Marie pour assurer la vocation de la Compagnie Générale Transatlantique à exploiter le domaine aérien qui venait de s'ouvrir à elle.

Ce sera une première tentative avec la création en 1937 de la Société Air France Transatlantique, qui associe la compagnie Air France et la Compagnie Générale Transatlantique pour la préparation et l'exécution des vols transocéaniques, dans un premier stade, au moyen du matériel existant, et dans un deuxième stade, pour l'étude des appareils appelés à prendre la relève : hydravion de gros tonnage, avion substratosphérique et stratosphérique annonciateurs des réalisations de l'après-guerre et l'avènement des jets. A l'actif d'Air France-Transatlantique, il faut porter les traversées effectuées en 1938 et 1939 avec les hydravions Latécoère hexamoteur " Lieutenant de vaisseau Paris " et " Ville de Saint Pierre " qui préludent en juillet 1939 à la première traversée sans escale de New York Port Washington à Biscarosse : 5 760 km en 28 heures 30 à la vitesse moyenne de 208 km/h. C'est Guillaummet, le pionnier de l'Aéropostale qui est aux commandes. L'appareil transporte 10 passagers dont Antoine de Saint Exupéry. Pour de multiples raisons, surtout politiques, ces tentatives prometteuses de coordination aéromaritime ne pourront aboutir, laissant le champ libre à Air France pour l'exploitation des lignes de l'Atlantique Nord. Ce sera quelques années plus tard, à partir de 1950, une deuxième tentative, plus heureuse, avec la prise de participation de la Transat dans la compagnie Air Transport créée en 1946 par un groupe d'aviateurs de la France Libre pour établir des services entre le nord de la France et l'Angleterre, et dans laquelle, par la suite, diverses entreprises dont la compagnie Air France ont pris des intérêts.

En 1950, la Compagnie Générale Transatlantique y devient majoritaire et inaugure des liaisons régulières au départ de Paris et Marseille avec Alger, Oran et Constantine. En 1953, répondant à la demande du ministre des travaux publics et des transports pour ordonnancer et concentrer le trafic aérien dans le secteur méditerranéen, une nouvelle société est mise en place qui prend la dénomination de Compagnie Générale des Transports Aériens-Air Algérie et qui regroupe avec la Transat les compagnies maritimes Fabre, Fraissinet et la Compagnie de Navigation Mixte. L'affaire connaît un très vif succès et se développe rapidement. Aux liaisons directes de Paris sur Alger, Oran et Philippeville s'ajoutent un réseau de lignes desservant de nombreuses villes de province au départ d'Alger et un autre réseau de lignes intérieures reliant Alger aux principales villes d'Algérie jusqu'aux confins du désert et Hassi Messaoud. En 1958, dernière année d'exploitation normale, la Compagnie Air Algérie disposait d'un parc d'une vingtaine d'appareils (Caravelle, Constellation, DC4, DC3, Noratlas) et transportait 584 000 passagers. La politique de coordination aéromaritime inlassablement poursuivie par les dirigeants de la Transat trouvait une brillante consécration. Les événements qui vont se dérouler à partir de 1959 et ensanglanter le pays pour aboutir à la proclamation de l'indépendance de l'Algérie en juillet 1962, ruinent malheureusement toute l'œuvre qui venait d'être édifiée. Ainsi voit-on comment se rejoignent à quelque 25 ans de distance les efforts menés dans le domaine aérien par les deux présidents John Dal Piaz et Jean Marie, avec le même souci de servir les intérêts de leur entreprise et de lui assurer de nouveaux débouchés pour confirmer son avenir. Dans ces recherches et dans la conduite de cette politique, Edmond Lanier nouvellement promu directeur général de la Transat, va apporter à Jean Marie une assistance décisive.

Vers un nouveau paquebot

Pour les dirigeants de la Compagnie Générale Transatlantique de l'époque, l'intention, déjà manifestée en 1952, de passer commande d'un nouveau paquebot pour la desserte de la ligne de New York, répond à une triple exigence :
- remplacer les paquebots *De Grasse*, *Ile de France* et *Liberté* bientôt hors d'âge ;
- maintenir la position de la compagnie dans le trafic des passagers vis à vis d'une compétition s'annonçant de plus en plus rude ;
- enfin, se conformer aux stipulations du cahier des charges annexé à la Convention passée avec l'État, en 1933, lui faisant obligation de remplacer les navires âgés de plus de vingt-cinq ans.

Il s'agit alors de faire prévaloir ce point de vue au parlement afin que le gouvernement arrête les mesures nécessaires, et, d'autre part, de s'entendre sur le type de navire à construire.

Sur ce dernier point, les études menées, durant l'année 1953, avec les Chantiers et Ateliers de Saint-Nazaire, les seuls chantiers français en état de réaliser l'opération, débouchent assez vite sur la solution optima d'un navire pouvant effectuer la traversée du Havre à New York en cinq jours - ce qui nécessite une vitesse de 31 nœuds - avec une capacité de 2 000 passagers.

Sur le plan politique, les choses vont être infiniment plus difficiles et aller beaucoup moins vite. De longues et épuisantes tractations avec les pouvoirs publics et les chantiers pour la fixation du prix et du montant de l'aide de l'État, des duels épiques entre partisans et détracteurs de la solution paquebot rapide, fertiles en incidents et rebondissements divers, font que la commande du navire ne pourra être passée qu'en juillet 1956.

Entre temps, une date mémorable retient l'attention : celle du centième anniversaire de la création de la Compagnie Générale Transatlantique, puisque c'est en 1855 qu'elle est née de la société la Terre-Neuvienne, de Granville. C'est l'occasion pour le président Jean Marie d'exalter le rôle et la mission exercés par la Compagnie Générale Transatlantique : " En un siècle d'existence, comme toutes les entreprises humaines, elle a connu des heures d'éclat et des périodes de dépression. Elle a pu parfois être temporairement affaiblie par les conséquences de trois guerres nationales et l'inexorable victime des crises économiques à la violence croissante. Elle s'en est chaque fois relevée, tirant les leçons de l'expérience et s'adaptant aux circonstances sans cesser d'être animée par l'esprit d'initiative et d'entreprise. Aujourd'hui comme hier, portant haut les trois couleurs de la France sur toutes les lignes où le pavillon blanc à globe rouge est devenu le symbole de la présence française, elle a conscience, en franchissant le cap du centenaire, de servir l'intérêt et le rayonnement national et de perpétuer le souvenir d'une grande œuvre française ".

De brillantes manifestations marquent l'événement, à Paris et dans toutes les agences de France et de l'étranger, couronnées par une consécration officielle, le 12 juillet 1955, le Conseil des ministres élevant le président Jean Marie à la dignité de Grand Croix de la Légion d'honneur que lui remet le président de la République, René Coty à l'Élysée. C'est la seconde fois dans son histoire, après le président John Dal Piaz, que la Transat est honorée de la sorte.

Ce n'est donc qu'en juillet 1956 que le président Jean Marie peut signer la lettre de commande aux Chantiers de l'Atlantique, nés du regroupement des Chantiers et Ateliers de Saint-Nazaire et des Ateliers et Chantiers de la Loire, en présence de M. Roger Duveau, sous-secrétaire d'État à la Marine marchande. L'entente s'est faite sur un prix de 273,6 millions de francs, dont 197 à la charge de l'armateur et 76 millions 600 000 francs à la charge de l'État, versés aux chantiers, pour compenser la différence entre le prix français et le prix, dit *international*, que l'armateur aurait payé s'il avait été libre de commander le navire à l'étranger.

France

France, tel est le nom qui est attribué au nouveau paquebot, pour reprendre la tradition transatlantique et dont la première tôle est posée le 7 octobre 1957. Sa conception répond aux données et aux exigences de l'époque. Depuis *Normandie*, les choses ont bien évolué.

Sur le plan technique, le problème de la vitesse ne se pose plus dans les mêmes termes. Il n'est plus question de reconquérir le Ruban bleu et d'établir de nouveaux records. La vitesse nécessaire et suffisante pour garantir, en toutes circonstances une traversée en cinq jours se situe autour des 30-31 nœuds. L'horaire tel qu'il est conçu par la Transat est basé sur un départ du Havre le vendredi à 14 heures et une arrivée à New York le mercredi suivant au matin, ce qui permet d'en tirer habilement prétexte pour présenter la traversée comme étant un simple week-end prolongé, englobant deux jours non ouvrables.

La vitesse étant ainsi fixée, la puissance et les dimensions du navire en découlent et conduisent aux chiffres suivants qu'il est intéressant de comparer avec ceux de *Normandie* :

	France	*Normandie*
Puissance normale :	160 000 ch	160 000 ch
Puissance maximum :	200 000 ch	190 000 ch
Longueur :	315,66 m	313,75 m
Largeur :	33,70 m	35,90 m
Déplacement :	57 607 t	70 717 t
Jauge brute :	66 343 tx	83 423 tx
Jauge nette :	36 063 tx	36 985 tx

Ces chiffres traduisent les progrès réalisés sous la forme notamment d'un gain de poids très important : 13 000 tonnes, et d'une meilleure utilisation des volumes, d'où un rendement amélioré. Le gain de poids s'explique par le fait que la coque est entièrement soudée et non plus rivetée, par un recours généralisé aux alliages légers à base d'aluminium, et aussi par le type d'appareil moteur et évaporatoire adopté. Ce dernier est constitué par huit chaudières à haute pression (65 kg/cm^2) avec surchauffe à 500°, d'un rendement très supérieur à la solution turbo électrique adoptée sur *Normandie* qui nécessitait vingt-neuf chaudières timbrées à 28 kg et 350°, pesant 3 000 tonnes de plus que celui de *France*. L'économie de combustible dépasse les 40 %.

Pour la construction de la coque les Chantiers de l'Atlantique font appel à la nouvelle technique qu'ils ont mise au point, par assemblage d'éléments préfabriqués - d'où un gain de temps appréciable.

11 mai 1960, le paquebot *France* est lancé aux Chantiers de l'Atlantique. (© Écomusée de Saint-Nazaire)

France présente d'autres innovations telles que les ailerons stabilisateurs antiroulis et le conditionnement d'air généralisé.

Il faudra néanmoins plus de deux ans et demi après la pose de la première tôle pour que le paquebot soit prêt à être lancé. Le lancement de *France* n'a lieu, en effet, que le 11 mai 1960. L'événement revêt une importance et un éclat exceptionnels du fait de la présence du chef de l'État, le général De Gaulle en personne et de madame De Gaulle, marraine du paquebot. Il attire une foule considérable, évaluée à plus de cent mille personnes accourues de la France entière et des pays voisins. L'opération pour les chantiers était délicate, s'agissant de la masse la plus lourde qu'ils n'aient jamais lancée : 32 715 tonnes sur cale contre 28 000 tonnes pour *Normandie*. Elle se déroule à la perfection, sans la moindre avarie.

Les travaux d'achèvement du navire se poursuivent jusqu'en novembre 1961. Au stade où il est parvenu, le paquebot se signale par d'autres innovations maintenant perceptibles.

L'originalité de *France*

Sur le plan architectural, le paquebot se distingue par deux cheminées au lieu de trois, ce qui libère des surfaces importantes pour l'aménagement d'aires de jeux et de promenades, et par leur forme insolite avec leurs ailerons qui permettent un échappement latéral des fumées évitant les tourbillons et les retombées de suie sur les ponts supérieurs.

France se caractérise aussi par une conception toute nouvelle des installations pour les passagers, laquelle découle de l'évolution qu'a connu le trafic sur le plan social au cours des vingt dernières années. La répartition ancienne de la clientèle en trois classes bien distinctes : une première occupant les meilleurs emplacements à bord et offrant un maximum de confort et de luxe aux plus fortunés, une seconde classe destinée aux revenus moyens et une troisième occupée par les descendants «arrivés» des anciens émigrants, se retrouvaient encore sur *Normandie* dont 43 % de la capacité était réservée aux premières, 33 % à la classe touriste et 24 % aux troisièmes. *Normandie* était incontestablement un paquebot de première classe.

Avec la démocratisation générale de la clientèle, le cadre de *France* offre un tout autre aspect. La classe touriste affirme sa prépondérance, elle représente les trois quarts de la capacité totale, soit en gros 1 500 places, contre un quart seulement pour les premières classes, soit 500 places, suivant en cela la recommandation expresse formulée, en 1954, lors des débats parlementaires à la Chambre des députés, par le ministre des Travaux public, Jacques Chaban Delmas. Quant à la troisième classe, elle a purement et simplement disparu.

Les emménagements et la décoration du paquebot s'inspirent de cette situation nouvelle et en sont le reflet. En conséquence, la principale innovation de *France* tient au fait que les espaces consacrés à chaque classe sont strictement égaux. Chaque classe dispose d'un des deux ponts promenade superposés sur toute la longueur du navire et sur lesquels se distribuent les locaux communs, eux mêmes d'importance équivalente.

France prend contact avec son élément devant une foule énorme tandis que Saint-Nazaire retient son souffle.
(© Écomusée de Saint-Nazaire)

Pour donner aux passagers un confort supérieur en disposant d'un volume moindre - 66 300 tjb pour *France* contre 83 483 tjb pour *Normandie* - il fallut restreindre les espaces réservés aux locaux communs et de circulation en n'offrant plus les perspectives majestueuses d'antan mais tout en présentant un ensemble largement proportionné.

L'emploi de matériaux totalement incombustibles, pour respecter la réglementation de la Conférence de Londres de 1948, privilégie les métaux et alliages légers, les revêtements plastiques, le mobilier métallique, en l'absence de tout bois. Les décorateurs ont dû faire assaut d'imagination et de talent pour tirer le meilleur parti de ces nouvelles données.

Le paquebot *France*, tout neuf, quittant Saint-Nazaire pour rallier Le Havre.
(Collection de Villermont)

En l'absence d'un style vraiment créatif pour caractériser les années soixante, on pouvait soit s'en tenir par prudence à un style délibérément classique au risque de décevoir les tenants du moderne et de l'abstrait, soit adopter un style d'avant garde au risque de s'attirer les critiques des tenants de l'ancien et du figuratif et d'être vite démodé.

La salle à manger des 1res classes à bord de *France*. Un mobilier fonctionnel et une décoration sobre mais élégante seront de règle à bord de cette nouvelle unité
(© Collection de Villermont)

L'harmonie des teintes claires fait tout le charme de cette cabine des 1res classes à bord de *France*
(© Collection de Villermont)

C'est la sagesse et la prudence qui ont prévalu. Pour ce faire, le président Jean Marie, lui même grand amateur d'art, a tenu à s'entourer d'un comité de «sages» composés de personnalités indiscutables : le peintre Chapelain-Midy, l'architecte Guillaume Gillet, le critique d'art Pierre Mazars, assistés, comme conseils, de l'architecte Royon et de Charles Thooris, ancien ingénieur en chef et directeur technique de la Transat.

Les décorateurs retenus sont parmi les plus réputés de l'époque. Leleu, Darbois-Gaudin, Arbus, Maxim Old, Max Ingrand se partagent les principaux locaux de première classe : la bibliothèque et le salon de lecture, la salle à manger circulaire, le fumoir, le grand salon, la piscine. Les mêmes locaux de la classe touriste sont signés Pascaud, Simon, Mme Willemetz, Dumont, Quinet. Le théâtre, remarquable par sa disposition sur deux niveaux : un orchestre au niveau du pont de la classe touriste, une mezzanine au niveau du pont des premières, et par sa capacité, près de sept cents places, est signé Peynet et Dennery.

La décoration de ces différents locaux est rehaussée d'œuvres d'artistes peintres célèbres tels que Brayer, Carzou, Chapelain-Midy, Dufy, Dénoyer de Ségonzac, Mac Avoy, Méheut, Touchagues, Soulages, Utrillo... de tapisseries de Coutaud, Hilaire, Idoux, Picard le Doux... de vitraux de Madame Carlu, de ferronneries de Subes, de mosaïques de Zvobada, etc.

Quant aux cabines, que ce soit en première classe ou en classe touriste, beaucoup sont d'ailleurs interchangeables, elles n'ont rien à voir avec celles des paquebots précédents. Leur originalité tient à leur insonorisation parfaite, à leur climatisation silencieuse, à un éclairage diffus très étudié, à une ambiance de musique légère ou classique, à un ameublement fonctionnel et à un décor dépouillé mais cossu. L'ensemble dégage une impression de confort raffiné et de sécurité.

Ainsi paré, *France* quitte les chantiers de Saint-Nazaire le 19 novembre pour procéder à des essais prolongés sur la base de Belle-Ile-en-Mer jusqu'au 16 décembre. Essais dont les résultats dépassent toutes les espérances. La puissance des machines est poussée jusqu'au maximum de 175 000 ch, la vitesse correspondante atteignant 35,21 nœuds sans que la moindre vibration ne soit décelée. La maniabilité du paquebot s'avère remarquable. Aussi le procès verbal de recette est-il signé sans réserve par l'armateur le 6 janvier 1962.

La mise en service de *France*

L'inauguration officielle, le 11 janvier 1962, présidée par Michel Debré, alors premier ministre, est suivie de diverses cérémonies dont, le 13 janvier, une soirée de bienfaisance d'un éclat exceptionnel : le *Bal des Petits Lits Blancs*, qui rassemble tout ce que Paris compte de célébrités et dont on a dit qu'il était le “ bal du siècle ”.

Du 19 au 27 janvier, *France* effectue une courte croisière inaugurale aux Canaries marquée par la présence à son bord de sa marraine, Madame De Gaulle.

Le départ de la première traversée transatlantique est donné le 3 février à 14 heures. L'arrivée à New-York a lieu le 8 février 1962 à 10 h 30. Le paquebot y reçoit un accueil triomphal et fastueux qui rappelle celui que les américains avaient réservé à *Normandie* en 1935. Pendant toute la durée de l'escale, New York vit à l'heure française, la France et la Transat sont à l'honneur et la percée de la nouvelle unité, sur le marché américain, se révèle être une réussite incontestable.

Le mérite en revient aux hommes qui en ont été les artisans. En premier lieu le président Jean Marie qui, avec Edmond Lanier à ses côtés comme directeur général, s'est battu sans relâche, contre vents et marées, pour faire triompher la cause du paquebot, aux techniciens des Chantiers de l'Atlantique et de la Compagnie Générale Transatlantique avec en tête Alfred Lafont pour les Chantiers, Antoine Barthélémy et Jean-Paul Ricard pour la Transat, les trois «pères» de *France* qui ont signé ce chef d'œuvre de la technique et aussi au commandant Georges Croisile, aussi brillant marin que parfait homme de relations publiques qui a conduit le navire avec succès depuis la cale de lancement jusqu'au Pier 88 à New York.

Les hasards du calendrier ont fait que Jean Marie n'a été le témoin de cette consécration qu'en qualité de Président d'honneur car, ayant atteint la limite d'âge en juin 1961, c'est Gustave Anduze Faris, président des Messageries Maritimes qui a été appelé à présider aux destinées de la Transat.

Arrivé au terme de sa carrière, Jean Marie peut s'enorgueillir d'avoir redonné au pavillon de la Compagnie Générale Transatlantique, après l'avoir relevée de ses ruines, toute sa place et tout son lustre.

ALLOCUTION
DU GÉNÉRAL DE GAULLE
LORS DU LANCEMENT DE " FRANCE "
LE 11 MAI 1960

Le paquebot " FRANCE " est lancé. Il va épouser la mer. La mer, si redoutée et si désirée des peuples, la mer qui sépare les nations mais leur permet de se joindre, la mer par où les pires dangers peuvent menacer les Etats mais sans laquelle il n'est point de grandeur.

La mission de " FRANCE " sera de transporter, d'un bord à l'autre de l'Atlantique, des hommes, c'est-à-dire des pensées et des activités, des foyers de connaissance et des sources de travail, de l'art et de la richesse. En tous temps, un pareil rôle eut été tenu pour important. Aujourd'hui, il l'est plus que jamais. C'est, en effet, des rapports entre nos semblables, autrement dit des échanges, que procède la civilisation. Le progrès de notre espèce comporte une connaissance réciproque des pays, une coopération des valeurs et des labeurs, une pratique des contacts, faute desquelles les peuples s'enfonceraient, chacun de son côté, dans la méfiance et les griefs, mais grâce auxquelles ils ressentent leur mutuelle dépendance et développent ce qu'ils ont en commun. Que ce navire aille donc accomplir sa destinée : porter des hommes vers des hommes !

En le faisant, " FRANCE " va contribuer à resserrer et à multiplier les liens deux fois séculaires qui existent entre deux pays. L'amitié y trouvera son compte, car les Etats-Unis sont chers à la France et je crois bien que la France est chère aux Etats-Unis. Ce n'est pas en vain que ces peuples se sont trouvés côte à côte chaque fois qu'il fallut sauver la liberté du monde. Ce n'est pas en vain qu'il souffle en Occident un certain air où s'épanouissent les droits de l'homme et sa dignité. On verra donc ce splendide bâtiment, s'ajoutant aux escadres d'avions et de vaisseaux qui mettent en relations directes Européens et Américains, relier par-dessus la mer toutes sortes d'activités, matérielles, intellectuelles, morales, qui, pour la chance de l'univers, veulent harmoniser leurs efforts.

" FRANCE " va sortir de ce chantier de la Loire-Atlantique que j'avais vu, voici quinze ans, bouleversé de fond en comble. A cette époque, déjà, j'entendais des milliers de voix exprimer la volonté que le chantier de Saint-Nazaire revive. Eh bien ! le voici vivant, je puis même dire triomphant. Sans doute est-il vrai, qu'en raison des circonstances mondiales, l'ensemble des entreprises qui bâtissent des navires éprouve certaines difficultés, exige certaines mesures d'adaptation et de conversion, inspire certaines inquiétudes au personnel qui y est employé. Mais, le succès auquel nous assistons attire l'attention des Français sur ce problème national. L'apparition de "FRANCE " sur l'Océan fait voir à tous ce que vaut et ce dont est capable la phalange des dirigeants, des ingénieurs, des techniciens, des ouvriers, qui anime notre industrie de la construction navale. En même temps, chacun mesure quel rôle notre marine marchande joue dans l'économie comme dans le prestige du pays. Il y a là une démonstration qui ne sera pas méconnue.

J'ai parlé d'un succès. Oui ! " FRANCE " va en être un. D'abord, par le fait que le navire, avec ses 315 mètres de long, son déplacement de 57 000 tonnes, sa propulsion de 160 000 CV., sa vitesse normale de 31 nœuds, sera plus grand, plus sûr, plus puissant, plus rapide qu'aucun autre de son espèce. Ensuite, pour cette raison que ses aménagements doivent être une somme de chefs-d'œuvre. Enfin parce que son bord accueillera demain des élites. Dans ce vaisseau, nous saluons l'une des grandes réussites, dont présentement la technique française fait hommage à la patrie, que ce soit sur terre, sous terre, sur mer ou dans les airs. La cérémonie d'aujourd'hui ajoute à la fierté que nous avons de la France.

Et maintenant que " FRANCE " s'achève et s'en aille vers l'Océan pour y voguer et pour y servir !

Le paquebot *France* entrant au Havre, le 13 juin 1972. A petite vitesse, son étrave effilée ne soulève aucune moustache.
(© Port autonome du Havre)

Edmond Lanier

C'est à Edmond Lanier qu'incombe désormais la lourde tâche de poursuivre l'œuvre de son prédécesseur.

Après deux courts interrègnes - l'un de deux années pour M. Gustave Anduze Faris, un autre d'un an pour M. Pierre Renaud, vice-président du Conseil supérieur des Ponts et Chaussées - Edmond Lanier accède à la présidence de la Transat le 25 juillet 1964, offrant ainsi, après John Dal Piaz, le nouvel exemple d'une promotion interne réussie conduisant au sommet de la hiérarchie.

Il est parfaitement préparé à ses nouvelles fonctions depuis le temps - 33 ans - qu'il collabore étroitement à la marche de l'entreprise dans des postes de plus en plus importants. Son action n'a connu que la parenthèse de la guerre durant laquelle il s'est comporté en homme de devoir et en combattant courageux, ainsi qu'en témoignent une Croix de guerre et une Médaille militaire chèrement gagnées, et celle de la captivité qui a éprouvé gravement sa santé jusqu'à sa libération en 1943.

Le rôle qu'il a joué notamment auprès du président Cangardel, puis du président Marie, dans la politique de coordination aéro-maritime, a été essentiel. C'est lui qui en a été l'inspirateur et l'animateur. Si, sur l'Atlantique Nord, la tentative d'Air France-Transatlantique a avorté, en Méditerranée, la création de la compagnie Air-Algérie a été, comme on l'a vu, une brillante réussite, riche de promesses qui ont malheureusement été ruinées par l'indépendance de l'Algérie.

Si la présidence de Jean Marie a été placée sous le règne de la reconstruction, celle d'Edmond Lanier l'a été sous celui des mutations commandées par l'évolution de l'économie du transport maritime dans tous les domaines.

Sur le plan matériel d'abord.

Le président Lanier est l'adepte d'une rationalisation et d'une modernisation très poussées, faisant appel aux nouvelles techniques de transport : containérisation, manutention horizontale, automation... Les quelque cinquante deux navires qui entrent en flotte sous son règne, constructions neuves ou achats, reflètent cette évolution. Porte-conteneurs, cargos *roll on-roll off*, polythermes, car ferries, donnent à la Compagnie Générale Transatlantique l'image d'un armement moderne résolument tourné vers l'avenir.

Sur le plan de l'exploitation, ensuite.

Le président Edmond Lanier. (© Collection de l'auteur)

Edmond Lanier engage une politique d'accords internationaux, non seulement dans le cadre du Marché commun, avec des armements britanniques, allemands, scandinaves, mais au-delà, avec des partenaires soviétiques, américains, péruviens, marocains, algériens et tunisiens. En Méditerranée, la fusion avec la Compagnie de navigation mixte débouche sur la création de la Compagnie générale des transports Maritimes Méditerranéens (CGTMM), préfiguration de la future SNCM.

Un autre souci d'Edmond Lanier a été la diversification et la recherche de nouveaux débouchés en vue de ménager un avenir qu'il savait gravement menacé par les progrès des transports aériens. Sont ainsi explorés, avec des fortunes diverses, les domaines de l'aquaculture, des aéroglisseurs, de l'hôtellerie et du tourisme.

Sur le plan de l'administration enfin.

Le président Lanier procède à un allégement et à une modernisation des structures de l'administration centrale et de celles des agences en introduisant l'informatique et le contrôle de gestion dans la marche de l'entreprise. Toutes ces innovations concourent au rajeunissement de l'entreprise. Avec Edmond Lanier, la Transat a changé de visage.

Le meilleur symbole de cette mutation est offert, quoiqu'il en coûte au président sur le plan sentimental, par le transfert du siège social du vieil immeuble historique du 6, rue Auber, au cœur de Paris, à la Tour Atlantique à la Défense.

Mais c'est dans l'exploitation du paquebot *France* que le président Lanier va s'investir totalement, veillant jalousement sur son état, sa présentation, son achalandage, faisant assaut d'imagination pour en obtenir les meilleurs résultats possibles et en équilibrer les comptes.

Jusqu'en 1967, les recettes du navire couvrent facilement ses propres dépenses et une partie des charges générales de la Compagnie qui lui sont imputées. A partir de 1968, la situation se détériore sous l'effet de plusieurs facteurs. Politiques d'abord, avec l'incidence des accords de Grenelle sur les salaires et les charges sociales, commerciaux ensuite, avec surtout une chute vertigineuse du trafic des passagers empruntant la voie maritime comme en témoigne ces chiffres :

- en 1956, année de la commande de France, le nombre des passagers empruntant la voie maritime pour traverser l'Atlantique Nord a été de 1 011 000 contre 835 000 pour la voie aérienne,

- en 1958, année de l'entrée en service des Boeing 707, la part de l'avion passe à 1 292 000 contre 944 000 pour le paquebot,

- en 1960, nouveau bond de la part de l'avion avec l'apparition des DC8 : 1 929 000 passagers contre 899 000 pour le maritime,

Croisière de *France* autour du monde. Escale de Sydney.

- en 1968, c'est l'arrivée des Jets sur le marché. La part de l'aérien bondit à 5 752 000 tandis que celle du paquebot s'effondre à 374 000.

S'ajoute aux effets de cette évolution la généralisation des charters et son incidence sur les tarifs des passages.

Cette fois la cause du paquebot de ligne est bien perdue.

Le déficit d'exploitation de *France* se creuse. Il ne couvre plus ses dépenses propres et absorbe une part de plus en plus grande de la subvention générale d'équilibre allouée par l'État. Son avenir est remis en question. Le président Lanier, pour pallier cette dégradation s'efforce alors de rechercher de nouvelles utilisations du paquebot.

C'est ainsi que certains affrètements sont conclus pour l'organisation de congrès et de séminaires flottants C'est ainsi encore qu'il est décidé que *France* fera escale à Bremerhaven pendant la saison transatlantique pour avoir accès aux marchés allemands, scandinaves et d'Europe centrale. Mais c'est surtout vers une intensification des croisières qu'on s'oriente.

A partir de 1968, *France* ne dessert plus la ligne traditionnelle de New York que pendant la période de pointe, de juin à septembre. Le reste du temps, il effectue des croisières au départ de la Floride, aux Caraïbes, en hiver et au début du printemps, en Méditerranée et sur l'Afrique Noire, en fin de printemps et en été. Toutes ces croisières remportent un vif succès, mémorable parfois, comme la fameuse Croisière impériale à Sainte-Hélène en 1969.

Mais l'idée la plus audacieuse, que l'on doit à Edmond Lanier lui-même, a été de lancer *France* autour du monde en 1972 et 1974. La croisière de 1972 a suscité un engouement extraordinaire et fut une réussite complète aussi bien sur le plan du prestige que sur celui des résultats qui ont été très positifs. Jamais le rôle du paquebot comme ambassadeur n'a été plus magistralement tenu dans tous les pays visités. La croisière de 1974 n'a malheureusement pas répondu aux espoirs de ses organisateurs pour différentes causes qui ont cumulé leurs effets : en Amérique, les remous de l'affaire du Watergate et le marasme boursier, les essais nucléaires dans le Pacifique, mais surtout la crise du pétrole qui a éclaté fin 1973 et qui a eu pour conséquence de quadrupler le prix des soutes. Les résultats lourdement déficitaires de la croisière vont porter le coup de grâce à l'exploitation du paquebot dont les prévisions, pour l'exercice 1974, faisaient apparaître un déficit catastrophique d'une centaines de millions de Francs.

Auparavant, entre le départ de la première croisière autour du monde, le 5 janvier 1972 et le retour de la seconde, le 11 avril 1974, des événements décisifs sont intervenus dans le statut de la Compagnie et dans la situation personnelle de son président.

C'est d'abord, en mars 1972, la distinction dont Edmond Lanier est l'objet en étant promu au grade de commandeur de la Légion d'honneur. C'est ensuite, en date du 21 décembre 1973, la création de la Compagnie Générale Maritime (CGM) par fusion des deux sociétés d'économie mixte : la Compagnie Générale Transatlantique et la Compagnie des Messageries Maritimes. Et c'est en même temps l'expiration du mandat de président d'Edmond Lanier après qu'il ait été prolongé à deux reprises au-delà de la limite d'âge. M. Dominique de la Martinière, inspecteur des Finances, directeur général des Impôts, lui succède. C'est donc en qualité de président d'honneur qu'Edmond Lanier participe à la dernière partie de la croisière de 1974 sans pouvoir d'ailleurs achever son voyage pour raison de santé.

Le sort du paquebot, lui, est réglé sur ces entrefaites par un communiqué du 1er juillet 1974, signé du secrétaire d'État aux Transports, Marcel Cavaillé. Le gouvernement considérant que la poursuite de l'exploitation du paquebot *France* ne justifie pas, de la part de la collectivité, un sacrifice annuel d'une centaine de millions de francs, décide de mettre fin à la prise en charge par l'État du déficit de cette exploitation. La Transat ne peut que s'incliner devant la raison d'État et prend ses dispositions pour arrêter définitivement le navire à la fin de la saison transatlantique, le 25 octobre 1974 pour le désarmer dès le 30 du même mois.

Par une surprenante coïncidence - comment ne pas y voir un signe du destin - le président Lanier succombe dans la nuit du 25 au 26 octobre des suites d'un mal dont les premières atteintes avaient été décelées au cours de la croisière à bord de *France*... *France* qu'il a véritablement incarné et auquel il n'aura pas survécu.

La condamnation de *France* met fin à sa carrière sous nos couleurs : une carrière de douze ans, trop courte, hélas, mais qui fait honneur au pavillon de la Transat, aux constructeurs et aux armateurs du paquebot.

Les chiffres qui la résument en témoignent :

- 377 traversées transatlantiques avec 588 024 passagers transportés, soit 1 560 en moyenne par voyage ;

- 93 croisières avec 113 862 passagers transportés, soit une moyenne de 1 225 ;

- 1 860 000 miles parcourus, représentant vingt-cinq fois le tour de la Terre sans la moindre avarie sérieuse...

Mis en vente, le paquebot, désarmé, est remorqué au fond du bassin de Tancarville au Havre, au quai de l'Oubli. Son exil se prolongera trois ans encore jusqu'à sa vente au saoudien Akhram Ojjeh en octobre 1977 et à sa revente à l'armateur norvégien Knut Kloster en juin 1979 suivi de son départ définitif du Havre le 18 août 1979.

Remorqué à Bremerhaven pour y subir de très importantes transformations, il va connaître ensuite, sous le nom de *Norway*, une nouvelle carrière de paquebot de croisières entre Miami et les Antilles.

Avec la création de la Compagnie générale maritime, le 21 décembre 1973, c'est la Compagnie Générale Transatlantique qui cesse d'exister.

Avec la mort d'Edmond Lanier, le 26 octobre 1974, c'est la dynastie des Grands Patrons qui ont fait la Transat qui s'éteint.

Avec le désarmement de *France*, c'est le dernier des grands paquebots battant pavillon français que nous perdons.

La Chronique transatlantique du XXe siècle s'achève ainsi, avant l'échéance de l'an 2000.

Les noms des navires et des hommes qui l'ont marquée méritaient bien d'être sauvés de l'oubli.

Le paquebot *France,* remorqué par l'*Abeille Provence*, quitte définitivement Le Havre pour Hambourg, le 18 août 1979
(© Port autonome du Havre).

C H A P I T R E   I V

Ile de France
Paquebot béni des dieux

Le commandant Blancart, " *ce grand marin, parfait homme du monde au flegme imperturbable...* ", comme l'écrira Edmond Lanier

(© Ass. *French Lines*).

L'*Ile de France*, vue d'avion, sortant de Saint-Nazaire pour ses essais en mer (© Keystone).

Il en va des navires comme des hommes.

Il y a ceux qui sont nés sous une mauvaise étoile. De constitution fragile, ils ont souffert de maladies d'enfance qui ont entravé leur croissance. Adultes, la malchance les poursuit. D'autres ennuis de santé compromettent leur carrière. Des échecs assombrissent leur avenir. On ne gardera d'eux, finalement, que le souvenir de leur perte, généralement prématurée, souvent accidentelle.

D'autres, par contre, ont eu la chance que de bonnes fées entourent leur berceau et les accompagnent tout au long de leur existence. Robustes, entreprenants, le succès couronne leurs efforts. Favorisés par les événements, ils en tirent profit pour s'imposer, y gagner une réputation et une popularité dont ils bénéficieront jusqu'au terme d'une carrière aussi longue qu'heureuse.

On dira des premiers qu'ils n'ont pas réussi.

On dira des seconds qu'ils ont eu la baraka !

La rue de la Paix de l'Atlantique

S'il est un navire qui peut se prévaloir d'appartenir à la catégorie des *heureux*, c'est bien l'*Ile de France*. Sa carrière, que ce soit dans le civil ou sous l'uniforme, a été exemplaire, unique, dans les annales de la Compagnie Générale Transatlantique.

Il naît le 25 octobre 1924, jour de la pose de la première tôle, sur la grande cale des Ateliers et Chantiers de Penhoet à Saint-Nazaire. Sa commande leur a été passée par le président de la Transat qui est alors John Dal Piaz. Elle répond à une nécessité impérieuse : conserver au pavillon français sa place dans la compétition acharnée qui se livre sur l'Atlantique Nord, après le retrait des trois paquebots devenus obsolètes, la *Touraine*, la *Lorraine* et la *Savoie* qui dataient respectivement de 1891, 1900 et 1901.

La Transat ne pouvait plus aligner dans la catégorie des gros tonnages que son *France II*, lui-même datant de 1912, et *Paris*, entré en service en 1921 mais dont la conception remontait à 1913.

La mise en service d'une nouvelle unité répondait aussi aux exigences de la convention passée avec l'État, en 1912, pour l'exploitation de la ligne postale Le Havre - New York. Ce qui n'empêche pas que les quelque 220 millions que la construction de l'*Ile de France* a coûté sont entièrement à la charge de la compagnie, Dal Piaz ayant toujours mis un point d'honneur à ne solliciter aucune aide de l'État.

Ile de France est donc lancé le 14 mars 1926 après avoir été baptisé par sa marraine, Mme René Fould, l'épouse du président des chantiers. De brillantes cérémonies marquent son inauguration qui se déroulent au Havre les 16, 17 et 18 juin 1927, présidées à tour de rôle par Georges Leygues, ministre de la Marine, André Tardieu, ministre des Travaux publics et Maurice Bokanowski, ministre du Commerce. Elles sont aussi honorées de la présence du maréchal et de Madame Lyautey avec qui le président Dial Piaz entretient des relations d'amitié personnelles nouées au Maroc, avec l'épopée des Auto-circuits Nord Africains et la création de la société des Voyages et Hôtels Nord Africains, œuvres de Dal Piaz, qui ouvrent le Maghreb au tourisme international.

En entrant en service le 22 juin 1927, *Ile de France* a déjà à son actif deux prouesses qui augurent bien de son avenir.

La première, tout à l'honneur de l'armateur pour sa rapidité de décision et des chantiers pour leur parfaite maîtrise des opérations, est d'établir un record - déjà ! - celui de la vitesse de construction qui n'a demandé que 33 mois, exploit remarquable pour l'époque.

La seconde, tout à l'honneur d'un commandant d'envergure peu commune, Joseph Blancart.

Une manœuvre à haut risque

Elle est relatée par Edmond Lanier, dans son livre *De la pêche à la morue au paquebot France*, qui rapporte, comme suit, les propos du commandant lui-même :

“ *Le jour de la sortie de Saint-Nazaire pour les essais, le 29 mai 1927, j'étais en train d'écrire les consignes lorsque j'entends des bruits sourds, comme des détonations. C'étaient les amarres, les traversiers et les gardes montantes qui cassaient les unes après les autres. Elles avaient été dédoublées en prévision de la sortie du bateau et n'avaient pas résisté à des essais de machines au point fixe que les ingénieurs avaient voulu effectuer une dernière fois. Le navire se mit en marche à travers le bassin. J'étais seul. Je prends la barre et je le redresse tant bien que mal ; un timonier arrive et lui crie :*

— Gouverne droit comme cela, et j'appelle la machine au téléphone : Stoppez partout, en arrière toute !
— Nous ne pouvons pas, répond une voix affolée, le registre est coincé !

Ile de France *commence à prendre de la vitesse, 3 à 4 nœuds. Je me préparais à l'échouer sur un quai où étaient accostés des chalands chargés de bois qui pouvaient amortir le choc, lorsque je vis le pont tournant qui fermait le sas entre les deux bassins, s'ouvrir. Je repris la barre et je passai...* "

Ce que Blancart n'ajoutait pas, c'est que le sas avait à peine deux mètres de plus que la largeur de l'*Ile de France* qui aurait dû normalement le franchir avec l'aide de deux remorqueurs. Miracle du coup d'œil, le grand navire était passé sans une éraflure à sa coque.

" *Une fois dans le premier bassin, j'étais ramené au problème précédent et nous filions toujours 3 nœuds, lorsque le téléphone sonne :*

— On peut manœuvrer maintenant !

Entre temps, mon second était arrivé. Nous avons pu stopper, mouiller et immobiliser Ile de France *à temps. J'étais en train de boire un verre de porto dans ma cabine pour me remonter un peu quand j'ai entendu des voix au pied de l'échelle :*

— Commandant, pouvons-nous monter ?

C'était tout l'état major de Penhoet. Ils étaient au moins une douzaine. Ils m'ont serré la main sans rien dire, comme à un enterrement, et dix jours après ils m'envoyaient un bronze d'art. "

Telle fut la nouvelle chance de l'*Ile de France* !

Un paquebot raffiné

Tout en étant le plus grand paquebot construit après la grande guerre, *Ile de France*, tel qu'il se présente au neuvage, se distingue de ses devanciers les plus redoutables comme les *Aquitania*, *Berangaria*, *Majestic*, *Leviathan* et *Mauretania*, ni par sa taille (longueur 241 m, largeur 28,7 m), ni par son tonnage (43 153 tjb), ni par sa puissance (55 000 ch) et sa vitesse (23 nœuds), ni par sa capacité en passagers (1 786), mais par une harmonieuse combinaison des qualités qui ont fait la renommée de la Compagnie Générale Transatlantique et que ses présidents ont toujours privilégiées : beauté de la décoration, raffinement du confort, excellence de la cuisine, perfection du service, autant d'atouts que les passagers reconnaissent d'emblée au nouveau venu en lui réservant un accueil enthousiaste, les américains particulièrement, qui ont tôt fait de lui trouver le qualificatif le plus évocateur de " *Rue de la Paix de l'Atlantique* ".

La décoration qui fait sensation par son originalité, s'inspire largement du style que l'exposition des Arts Décoratifs, qui vient de se tenir à Paris, en 1925, a mis à la mode.

Elle est l'œuvre personnelle du président Dal Piaz. Il n'a fait aucune concession au traditionnel et à la copie d'ancien, rompant délibérément avec les reconstitutions historiques de *France II*. " *Vivre*

Le sun-deck :
" *Deux vastes emplacements ont été réservés aux sports et aux jeux de plein air sur le sun-deck situé immédiatement au-dessus du pont promenade couvert. Chacun d'eux, installé entre les cheminées, mesure 5 500 m² environ. Nombreux en sont les adeptes, soucieux d'achever au grand air l'entraînement poursuivi chaque jour dans la salle de culture physique si parfaitement aménagée, et de se livrer à l'amicales parties de tennis, quoits, shuffleboard, croquet, voire aussi de jeu de tonneau* ".
(coll. de l'auteur)

ce n'est pas copier, c'est créer, dit-il. *Pourquoi, Mesdames, avec vos jupes courtes et vos cheveux coupés, vouloir vous asseoir dans des bergères Louis XVI ?* "

La simplicité des formes, la pureté des lignes, l'adoption de matériaux nouveaux : bois exotiques, marbres, laques, ferronneries... caractérisent le décor des emménagements d'où sont bannis toutes les fioritures qui abondaient sur les devanciers de *Ile de France* : sculptures, moulures, corniches, chapiteaux...

Salle à manger : " *Le gong vient d'appeler les passagers dans la salle à manger. Tout entière revêtue de marbre des Pyrénées de trois tonalités légèrement grises, rehaussées par la lumière douce et dorée de cent douze appliques de Lalique. La salle à manger de l'Ile de France est la plus vaste qui soit à bord d'un paquebot.* " (coll. de l'auteur)

Une brochure, éditée à l'occasion de la mise en service de cette nouvelle unité, en 1927, retrouvée dans mes archives, décrit bien dans le style fleuri de l'époque, avec textes et illustrations à l'appui, les principaux locaux du paquebot tels qu'ils étaient vus par les contemporains du navire, en même temps qu'ils montrent comment s'organisait la vie à bord à la mode du temps. En voici quelques exemples illustrés.

L'*Ile de France* est le premier paquebot doté d'une véritable chapelle avec autel installé en permanence, chœur et tribune, où les exercices du culte peuvent être célébrés autrement qu'au moyen d'une installation de fortune.

Le fumoir :
" *Les spirales légères de la fumée bleuâtre des cigares et cigarettes ondulent nombreuses dans le fumoir : elles symbolisent parfaitement la nonchalance heureuse des passagers qui font de cette pièce leur retraite préférée. Tout y est confortable, calme et propice au repos. L'ambiance est celle du plus exclusif des clubs. De nombreux coins et recoins permettent de s'isoler pour converser agréablement avec quelques amis ou de se réunir autour d'une table de bridge, pendant qu'un garçon empressé apprête cocktails ou liqueurs.* ". (coll. de l'auteur)

(Page de droite, en haut) Le grand salon :
" *Une soirée ne paraît jamais ennuyeuse lorsqu'elle se passe dans le cadre splendide du grand salon. Là sont donnés concerts et réunions dansantes. Dix grandes fenêtres hautes de cinq mètres éclairent cette pièce aux proportions magnifiques dont la décoration est due à Nelson.* " (coll. de l'auteur)

(Page de droite, en bas) Le Grand Foyer :
" *La Rue de la Paix sur l'Atlantique... tel pourrait s'appeler le Grand Foyer de l'Ile-de-France, avec ses vitrines, agences et boutiques étincelantes de lumières. C'est le cœur du grand paquebot où aboutissent l'escalier monumental, les ascenseurs silencieux et rapides, les larges galeries d'accès aux salons et cabines.*" (coll. de l'auteur)

Un rendez-vous de célébrités

A tous ces atouts, s'ajoute celui d'un état-major hors pair dominé par la forte personnalité d'un commandant - déjà cité - Joseph Blancart, et la distinction du commissaire principal Henri Villar.

Blancart s'impose par sa taille, un flegme imperturbable, une science consommée de la navigation, une autorité indiscutable. Il sait aussi être un parfait homme du monde.

Villar, au lumineux sourire, est le prototype du commissaire idéal, d'une efficacité parfaite, d'une courtoisie et d'une gentillesse inaltérables.

La cote dont ils jouissent auprès des passagers leur vaudra d'occuper une place légendaire dans les annales de la Transat. Ils contribuent largement au succès que connaît le paquebot et que consacre l'accueil triomphal qu'il reçoit des américains à sa première arrivée à New York, le 28 juin 1927.

La beauté du paquebot, son élégance, son hospitalité chaleureuse font la conquête d'une clientèle qui s'y attache comme à un être cher. Elle appartient à toutes les classes sociales mais c'est au sommet que se recrutent ses principaux admirateurs, ses plus fervents supporters.

Quand on consulte les manifestes des passagers, c'est un véritable livre d'or que l'on découvre. Tout ce que le gotha international compte de célébrités défile sous nos yeux. Les personnalités les plus en vue de la finance, de la politique, du commerce, de l'industrie, des arts, du théâtre, de la danse, du cinéma, des sports... y figurent ; tous ces monstres sacrés qui ont peuplé nos rêves d'adolescents et qui ont pour noms : Rockfeller, Vanderbilt, Deterding, Krueger, Baruch... pour les magnats de l'industrie et des finances. Gloria Swanson, Marlène Dietrich, Jeannette Mac Donald, Constance Benett, Charlie Chaplin, Maurice Chevalier, Argentina... pour le monde du spectacle et du music hall, Chaliapine, Lily Pons, Heifetz, Jacques Thibaut, Yehudi Menuhin, Rachmaninoff, Toscanini pour les grands musiciens ou compositeurs. Sans oublier les célèbres sportifs comme Georges Carpentier, Jack Dempsey, les quatre mousquetaires de la coupe Davis : Borotra, Cochet, Lacoste et Brugnon …

Nombre de ces vedettes ont animé les galas donnés au bénéfice des œuvres de mer. Quel impresario oserait rêver d'un tel plateau réunissant, comme ce fut le cas certain soir, Maurice Chevalier, Paderewski, les Rocket Girls, présenté par Édouard Herriot (en voyage officiel) assisté d'Arturo Toscanini ?

Toutes ces célébrités procurent au paquebot une formidable publicité.

Mais il y a aussi les inconditionnels de l'*Ile de France*, ceux qui l'empruntent de préférence à tout autre paquebot et qui règlent leurs déplacements en fonction de ses horaires.

Salle à manger particulière :
" Quatre salles à manger particulières ont été comprises dans le tracé des plans de l'Ile-de-France : quatre pièces, dont la décoration exquise due aux élèves de l'Ecole Boulle et sont un témoignage qu'il existe déjà, en France, des équipes de jeunes, qualifiés pour continuer un jour l'œuvre admirable de rénovation artistique poursuivie par une pléiade de grands artistes et de décorateursde renom." (coll. de l'auteur)

Salle de Jeux des Enfants :
" La Compagnie Générale Transatlantique sait que les enfants aiment à être traités en grandes personnes : elle a donc créé, pour eux, un cadre à leur taille. Ils ont à bord " leur " salle à manger, " leur " menu particulier, " leur " salle de sports agrémentée d'un manège et d'un jeu de massacre, " leur " bibliothèque, " leur " théâtre." (coll. de l'auteur)

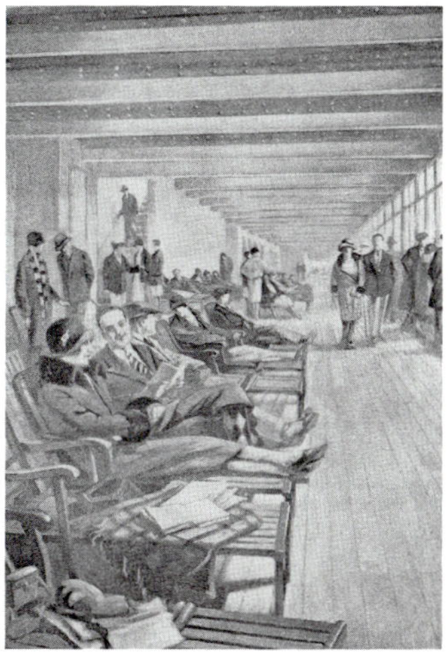

Appartement de luxe :
“ Chaque appartement comprend chambre avec salle de bains et cabinet de toilette, et un très confortable salon particulier, luxueusement décoré ” (coll. de l’auteur)

(A gauche, de haut en bas)
Pont-Promenade, Jardin d’Hiver, La Grande Descente et l’entrée de la Chapelle

Le paquebot *Ile de France*, en 1934, photographié au Havre, devant la tour marémomètre.
(Collection de Villermont.)

Il y a encore ceux pour qui il est source d'inspiration, écrivains et poètes. Tel, par exemple, Maurice Rostand qui dédie à *Ile de France* un charmant poème dont voici quelques strophes :

" Et quand la vague te balance
Dans les matins appareilleurs
C'est un petit peu comme si la France
S'en allait voyager ailleurs
C'est toute la force mêlée
De ce pays mystérieux
Qui reste d'une grâce ailée
Dans les soirs les plus sérieux

C'est Debussy et c'est Descartes,
C'est Versailles, c'est Trianon,
C'est la pâleur de Bonaparte
Et c'est la rose de Manon.

C'est la sagesse de Montaigne,
Pour qui Paris est l'univers,
Et c'est la forêt de Compiègne
Qui frissonne de frênes verts

C'est la gaieté de la Dauphine
Avant la sanglante saison
C'est le chagrin de Joséphine
Qui se fane à la Malmaison.

C'est Musset avec sa folie
C'est La Tour avec son pastel...
Et chaque cabine embellie
A son passager immortel. "

Il y a même ceux qui en font leur mascotte et s'y réfèrent dans les circonstances les plus diverses. Et il y a ceux qui s'en recommandent pour des motifs plus lucratifs, tels ces restaurateurs qui arborent son nom comme enseigne de leur établissement, suivie généralement de l'adjectif " gastronomique ", pour appâter le client par le rappel de la réputation de sa cuisine. La Transat elle-même a usé du procédé pour exploiter sous son pavillon, pendant plusieurs années et avec succès, une péniche amarrée à un quai de la Seine entre l'Alma et le Trocadéro. C'est sur cet *Ile de France* en miniature qu'on a vu débarquer un beau jour de mars 1971, devant tous les médias rassemblés, un Phileas Fogg (alias Claude Dauphin, l'acteur renommé) en tenue d'époque, pour lancer la campagne de promotion en faveur de la première croisière autour du monde du paquebot *France* sur le thème du

“ Tour du monde en 80 jours ” de Jules Verne. Tels encore, ces négociants en vin ou en champagne, commerçants avisés, qui décorent leurs bouteilles de superbes étiquettes à la marque du paquebot avec ses belles cheminées rouges et noires.

Mais le meilleur exemple n'est-il pas celui de la richissime Madame Euphrassis, baronne Béatrice de Rotschild, qui donne le nom d'*Ile de France*, en souvenir de ses voyages à bord et de sa prédilection pour le navire, à sa somptueuse villa, joyau du Cap Ferrat et des jardins de rêve qui l'entourent ? Dans le magnifique décor des appartements, on peut voir encore, à la place d'honneur, des photographies du paquebot, touchant témoignage de l'attachement que lui portait l'illustre propriétaire des lieux.

La vogue que connaît *Ile de France* qui bat tous les records de remplissage depuis son entrée en service, trouve, en 1928, une nouvelle occasion de s'affirmer.

Essai au Havre du catapultage de l'hydravion postal embarqué à bord d'*Ile de France*.
(© Ass. *French Lines*)

L'avion et l'alcool, facteurs de succès

Esprit d'avant garde, hardi, toujours à l'affût de progrès pouvant servir la cause de son entreprise, John Dal Piaz, pressentant l'essor du transport aérien (Lindbergh, Costes et Bellonte ont déjà traversé l'Atlantique) a été très impressionné par l'exploit réalisé par un jeune lieutenant de vaisseau du nom de Demougeot en lançant un hydravion depuis une catapulte installée à bord du croiseur *Primauguet*.

Demougeot s'était distingué quelque temps auparavant sous les couleurs de l'aéropostale, quand on défrichait le parcours Casablanca-Dakar pour prolonger la ligne Toulouse-Casablanca déjà en service, en convoyant un hydravion CAMS jusqu'à Saint-Louis du Sénégal.

L'idée s'est alors imposée à Dal Piaz d'adopter la formule en tentant la même expérience à partir de l'*Ile de France*. Avec l'accord de la Marine nationale, une catapulte est donc aménagée sur le pont arrière du paquebot et c'est de là que le 13 août 1928 Demougeot, assisté du mécanicien Le Tiercé et du radio Monrouzeau, s'élance à bord d'un biplan Lioré Olivier, le paquebot se trouvant à quelque

Ile de France à Stapleton, Staten Island (N.Y.), au pier 10. Sa coque et ses cheminées sont repeintes de noir et de gris, sa nouvelle tenue militaire (© Keystone).

Début mai 1940, chargement d'avions à bord de l'*Ile de France*, à destination de Marseille. (© Keystone).

quatre cents milles des côtes américaines. Il emporte trois sacs de courrier qui vont être délivrés à New York avec vingt heures d'avance.

L'exploit a un grand retentissement et met l'*Ile de France* en vedette. Il sera renouvelé avec succès jusqu'à la fin de 1930. Une société est créée sous le nom de Transatlantique Aérienne pour l'exploitation du service. C'est la préfiguration de ce que sera plus tard, en 1937, la société Air France Transatlantique qui donnera naissance à la compagnie nationale Air France. La Transat, avec son *Ile de France*, a joué un rôle de pionnier dans l'établissement des relations aériennes entre la France et les États-Unis.

Une autre cause du succès remporté par le paquebot auprès de la clientèle américaine tient aussi au régime sec imposé aux Américains par la loi Daugherty qui vient d'être votée par le Congrès. Le paquebot leur offre un moyen d'échapper aux rigueurs de la prohibition.

Il y a d'abord ceux qui profitent de la faculté laissée aux visiteurs d'accompagner leurs parents et amis pour arroser leur départ, au nez et à la barbe des agents du Trésor, avec la complicité de l'équipage. Les caves de l'*Ile de France* les attirent en foule. C'est une occasion de visiter le navire ce qui lui fait une excellente publicité.

Mais il y a aussi ceux qui font le voyage complet. Ils sont à la source, si l'on peut dire, pour s'abreuver en toute liberté, et copieusement, dès que sont franchies les eaux territoriales ! Une raison de plus d'emprunter un paquebot français.

Bénéficiant du climat de grande prospérité qui règne en Europe autant qu'en Amérique, *Ile de France* poursuit sa navigation sous les meilleurs auspices. L'appoint qu'il constitue à la flotte de la Transat est des plus précieux et des plus importants. Précieux, en ce sens qu'avec *France II* et *Paris*, la Transat est maintenant en mesure d'offrir un service régulier hebdomadaire assuré par trois paquebots de luxe. Important, en raison du nombre de passagers transportés et des recettes qu'il procure.

L'exercice 1928 marque un sommet dans les comptes d'exploitation de la Compagnie Générale Transatlantique dont les recettes atteignent pour la première fois le milliard de francs.

Fin octobre 1932, le paquebot est envoyé aux Chantiers de Saint-Nazaire pour y subir quelques réparations de coque. Son arrêt est mis à profit pour apporter diverses transformations et améliorations dans les emménagements. La décoration de certains locaux communs est revue et modernisée. Le paquebot reprend son service en avril 1933 et va l'assurer avec toujours autant de succès jusqu'à la guerre, en accomplissant, du 22 juin 1927 au 3 septembre 1939, 173 voyages aller retour et transportant 245 000 passagers.

En 1930, Roger Raulin a remplacé le commissaire principal Henri Villar qui est nommé sur *Normandie*.

Sous l'uniforme

Brillant messager de paix, symbole du plaisir de vivre, vitrine de l'art, de l'élégance et du goût français, *Ile de France*, sous l'uniforme, va s'illustrer d'une autre manière pendant la guerre.

Son odyssée a pour cadre les mers les plus lointaines et pour témoins des centaines de milliers de combattants de toutes nationalités, de toutes couleurs, appartenant aux corps de troupes les plus divers.

Cette odyssée débute le 3 septembre 1939 quand, venant du Havre au terme de sa 347e traversée, *Ile de France* s'amarre à New York aux côtés de *Normandie*, de *Queen Mary* et *Aquitania* de la Cunard et du *Rex* de la compagnie Italia, tous surpris comme lui par la déclaration de guerre de la France et de l'Angleterre à l'Allemagne.

Il est arrivé avec son plein de passagers américains pressés de regagner leur pays et de s'éloigner de cette Europe qui va devenir le théâtre des plus sanglants combats.

Son sort ne se décide qu'en avril 1940 quand un nouvel équipage convoyé par le second capitaine Jean Arnold vient relayer les éléments rapatriés en France. La décision est alors prise de le remettre en état de reprendre la mer en revêtant sa tenue de guerre, repeint en gris, et de le diriger vers Marseille. Son commandant désigné est le Commandant Fontaine, Arnold remplissant les fonctions de second capitaine, le commissaire principal étant Roger Raulin. Le paquebot prend en cale un chargement de 12 000 tonnes de cuivre et une escadrille d'avions en pontée. Il atteint Marseille sans encombre le 10 mai. Le 31 mai, après avoir fait son plein de combustible et de vivres, il reçoit l'ordre de se diriger sur Saïgon pour en ramener un important contingent de main d'œuvre indochinoise, mais sans emprunter la route de Suez, en prévision de l'entrée en guerre de l'Italie qui sera effective le 11 juin, en contournant l'Afrique par Le Cap où il arrive le 14 juin. Il poursuit ensuite sa route en direction de Singapour, la prochaine escale prévue.

C'est alors que son sort va se jouer.

Le choix

A l'annonce de l'armistice, signé le 22 juin, le climat à bord s'est dégradé. L'opposition se manifeste entre ceux qui se résignent à la défaite et sont partisans de rallier Saïgon, conformément aux ordres reçus, pour se mettre à la disposition de l'amirauté française, et ceux que la capitulation révolte et qui sont partisans de rester à Singapour pour continuer la lutte aux côtés de nos alliés, répondant ainsi à l'appel lancé le 18 juin par le général De Gaulle.

Le commandant Fontaine fait valoir que responsable du navire vis à vis de son armateur, la Compagnie Générale Transatlantique, société d'économie mixte, subventionnée et contrôlée par l'État, c'est donc aux autorités légales représentées à Saïgon par l'amirauté, qu'il doit se ranger. Dans leur grande majorité, l'état-major et l'équipage se rangent à son avis.

A l'opposé, une douzaine d'officiers conduits par le second capitaine Arnold, le commissaire principal Raulin, le docteur Abord et les trois officiers radio Autin, Desmas et Douspis, plus deux douzaines d'hommes d'équipage, marquent leur profond désaccord, considérant que le fait de rejoindre Saïgon signifie le ralliement au gouvernement de Vichy et donc à la cause de l'occupant.

Poursuivant sa navigation, le 24 juin, le commandant donne l'ordre de modifier la route du paquebot et, pour éviter le détroit de Malacca, de brûler l'escale de Singapour pour rallier directement Saïgon. Ce changement de route provoque une agitation grandissante au sein du personnel des trois services pont, machine et civil et des réunions houleuses, certains éléments allant même jusqu'à menacer d'échouer le navire dans le détroit.

Le commandant Fontaine parvient à grand peine à rétablir le calme. Réunissant les délégués des trois services, il demande instamment de maintenir le paquebot en bon ordre de marche jusqu'à Saïgon où chacun pourra alors décider de ses actes en fonction des informations dont on disposera sur la situation exacte régnant en France.

Depuis Saïgon, l'amirauté alertée suit la situation avec inquiétude. Elle se montre peu soucieuse, en effet, de prendre le contrôle d'un bâtiment de la taille de l'*Ile de France* et d'un effectif aussi important. Elle redoute les problèmes que sa présence ne va pas manquer de lui poser. Tant et si bien qu'elle intime, par câble au commandant Fontaine, l'ordre de relâcher à Singapour. *Ile de France* y arrive le 30 juin.

Le commandant Jean Arnold, second capitaine de l'*Ile de France* et qui prit le commandement du navire après son ralliement aux F.N.F.L. en juillet 1940 (© Ass. *French Lines*).

Après de laborieuses discussions, en accord avec le consul de France et l'officier de liaison de l'amirauté, le commandant Fontaine demande à Saïgon l'autorisation d'y conduire son navire. Elle lui est refusée quelques jours plus tard. Sur ces entrefaites, les Anglais font savoir que tous les navires mouillés dans les ports britanniques allaient être réquisitionnés, le choix étant laissé à leurs équipages d'être rapatriés en France ou en Indochine française.

Pour les hommes de l'*Ile de France*, c'est la minute de vérité.

L'*Ile de France*, rendue à la vie civile, entre aux Chantiers et Ateliers de Saint Nazaire pour y être rajeunie. Observer sa coque encore peinte en gris, sa tenue militaire (© Keystone).

Le ralliement

Sur les 313 hommes constituant l'état-major et l'équipage du paquebot, 41 seulement, dont 12 officiers, demandent leur maintien à bord. Tous les autres, dont le commandant Fontaine, optent pour leur rapatriement qui va s'échelonner jusqu'en septembre. Le commandement de l'*Ile de France* incombe dès lors à Jean Arnold, assisté du commissaire Raulin.

Une page est tournée de l'histoire du paquebot dont le sort est désormais lié à celui des Alliés.

Après avoir été le rendez-vous le plus couru de l'Atlantique, quand les membres les plus distingués du gotha s'y retrouvaient, *Ile de France* va être transformé en caserne flottante et servir de réservoir en hommes pour approvisionner la machine de guerre.

En attendant des instructions précises des britanniques sur l'utilisation du navire, le commandant Arnold se trouve confronté aux multiples problèmes posés par l'entretien, le gardiennage et l'armement du paquebot avec un personnel de fortune recruté sur place, cosmopolite et inexpérimenté. Son souci majeur est la sécurité étant donné le danger constitué par la présence des mines flottantes mouillées par les japonais et qui dérivent dans la rade de Singapour au hasard des vents et des courants.

C'est à ce danger qu'Arnold est exposé le 12 août. Là se situe l'épisode qui va lui valoir d'entrer dans la légende.

Le veilleur ayant repéré une mine dérivant en direction de l'*Ile de France*, le commandant Arnold, alerté, saute dans un canot avec cinq volontaires et le lieutenant Le Meur, à le rencontre de l'engin de mort. S'approchant au plus près, il s'amarre alors un filin autour de la taille et plonge. Sous l'eau, il attache son filin au cul de la mine, refait surface et rejoint le canot qui remorque alors la mine à distance respectueuse en attendant la venue des spécialistes de la Royal Navy. Sa popularité et son prestige auprès de ses hommes s'en trouvent fortement accrus.

Le transport de troupes

La réquisition officielle de l'*Ile de France* par les anglais intervient le 8 novembre 1940. Le ministre de la Marine marchande britannique charge alors la compagnie Peninsular & Oriental de remettre le navire en état de transporter des troupes dans les meilleurs délais. Le commandant Pocock, de la P & O en prend le commandement. Les travaux consistent à tripler la capacité en passagers en la portant de 1200 à 4000. Des couchettes superposées sont installées dans le grand salon, la bibliothèque et en d'autres lieux, les cabines de luxe sont modifiées pour recevoir huit hommes, les salles à manger privées pour servir de dortoirs à 35 places. La grande salle à manger des premières classes est transformée en réfectoire pour 1 250 hommes, répartis par tables de 12 et de 20 qui fonctionne en trois services.

Tous les problèmes de capacité en vivres, en eau, de sanitaires, de cuisines, de ventilation, sont à repenser en fonction d'une navigation en Mer Rouge et en Océan Indien… et avec un tel nombre de bouches à nourrir !

La transformation du paquebot est achevée le 21 mars 1941. Il prend la mer le jour même à destination de Sydney d'où il appareille le 11 avril pour Freemantle et de là pour Suez avec 4 049 hommes à bord. Il navigue en convoi, et quel convoi ! Le plus extraordinaire qu'on ait jamais vu : les cinq plus grands paquebots du monde sont là, totalisant 282 000 tjb. En première ligne, il y a *Queen Elisatbeth*, *Queen Mary* et *Mauretania*, suivent derrière, *Ile de France* et *Nieuw Amsterdam.*

Alors commence pour *Ile de France* une navigation intense... et épique, faite essentiellement de rotations accélérées entre Suez et Durban via Bombay, assorties parfois de crochets qui le conduisent à Auckland, Pearl Harbour et San Francisco ! Sa capacité de transport, au début, de quelque 5 000 hommes est portée à 6 500 après des transformations effectuées au cours d'un premier arrêt technique à Port Elisabeth pour révision de ses chaudières à la fin de l'année 1941, et à plus de 7 000 hommes à

Le paquebot *Ile de France*, rénové, entre au Havre, début juillet 1949, pour reprendre son service sur l'Atlantique Nord (© Keystone).

la suite d'un nouvel arrêt technique en mars 1942. Un an plus tard, en mars 1943, en escale à Sydney, un nouveau commandant, J. H. French est désigné en remplacement du commandant Pocock.

De l'état-major français du début, il ne reste plus guère que l'officier électricien Cauret et les trois officiers radio Desmas, Douspis et Autin. Jean Arnold est reparti servir dans les F.N.F.L. et commande le transport de troupe *Félix Roussel*, ex paquebot des Messageries Maritimes. Roger Raulin et le docteur Abord ont été détachés au quartier général de la France Libre à Londres. On retrouvera plus tard Raulin comme aide de camp du général Koenig.

Il m'a été donné, quelque vingt années plus tard, au moment de la mise en service de *France*, que ce soit avec Raulin, à Paris ou à Londres, quand il était représentant général de la Transat en Grande Bretagne, que ce soit avec Arnold au cours de mes visites à Sanary où il s'était retiré, d'évoquer l'odyssée de l'*Ile de France* et leurs exploits. Ils l'ont fait chaque fois avec une simplicité, une discrétion exemplaires, comme s'il s'était agi de choses tout à fait naturelles. Belle leçon de modestie à porter au crédit de ces hommes dont les noms restent inscrits au palmarès du paquebot.

Ile de France effectue une dernière liaison Durban Suez en avril 1943 avec 7 200 soldats sud-africains. De retour à Durban, il quitte définitivement l'Australie le 16 mai pour, enfin, rejoindre ses eaux natales de l'Atlantique Nord. Après avoir relâché à Rio puis à Freetown, il entre dans le port de Gourock, en Écosse, le 20 juin 1943.

Mais notre valeureux paquebot n'a pas fini de servir !

Rescapé des campagnes de l'hémisphère Sud - toujours la baraka - sa nouvelle mission va consister à transporter des troupes entre le Canada, les États-Unis et la Grande Bretagne. Ses nouvelles bases seront Gourock, Halifax et New York.

Il commence par être transféré de la gérance de la P & O à celle de la Cunard, puis il est dirigé sur New York, aux chantiers Told de Brooklyn pour y subir, encore, des transformations destinées à accroître sa capacité qui est portée au chiffre incroyable de 10 500 hommes. Son premier départ pour Gourock a lieu le 17 janvier 1944 avec son plein de soldats américains et de pilotes de la R.A.F. Il va naviguer dans ces conditions jusqu'en août 1945.

Le climat à bord n'a pas été aussi mauvais qu'on aurait pu le redouter, compte tenu du nombre énorme des occupants. Mais on imagine la multitude des problèmes posés, ne serait-ce que pour la confection des repas, le service des réfectoires, la consommation d'eau douce, l'usage des douches... et des sanitaires, par exemple.

Il est même arrivé que des spectacles soient donnés avec le concours d'artistes du Théâtre aux Armées et de grandes vedettes venues de Broadway ou d'Hollywood, comme King Crosby qui s'est acquis une immense popularité à bord.

Le 8 mai 1945, jour de la victoire, *Ile de France* est à New York. Il en repart le 10 septembre pour Cherbourg et Southampton. C'est là que l'Union Jack est amené et que le pavillon tricolore est hissé le 22 septembre 1946.

Redevenu français, *Ile de France* reçoit un état-major et un équipage entièrement français placés sous les ordres du commandant Le Huédé et du second capitaine Miault.

Suit alors une série de voyages sur Halifax en rapatriant à chaque fois quelque 9 000 canadiens et en prenant quelques passagers civils. En juillet 1946, il repart de Cherbourg pour un long périple de trois mois avec 10 000 hommes dont 2 000 sénégalais, 4 000 malgaches et 1 400 indochinois qui sont débarqués à Dakar, Madagascar et au Cap Saint Jacques.

Après une remise en état qui s'impose, au cours de laquelle les cheminées sont repeintes aux couleurs de la Transat - rouge et noir - *Ile de France* effectue encore deux voyages sur l'Indochine, ramenant chaque fois quelque 7 000 hommes chez eux.

Ainsi prend fin la carrière militaire de l'*Ile de France*. Ses brillants états de service reçoivent la récompense qu'ils méritent avec la décoration de la Croix de guerre avec palme qui lui est décernée, accompagnée de cette citation qui les résume parfaitement :

" *Glorieux bâtiment qui n'a cessé de faire flotter les couleurs françaises sur toutes les mers du monde au cours des cinq années de guerre. Rallié dès 1940 aux F.N.F.L., a parcouru seul ou en convoi plus de 500 000 milles, transportant près de 300 000 combattants en dépit de la tension imposée à son équipage par des rotations accélérées. Réarmé à la fin des hostilités, continue de servir sur les lignes de l'Union française, effectuant sans défaillance une navigation intensive et souvent délicate, couvrant ainsi depuis septembre 1945 plus de 135 000 milles et transportant ou rapatriant 155 000 hommes.* "

Se mettre au service du pays pour défendre nos couleurs sans lésiner sur les moyens, en matériel et en hommes, c'est une tradition à la Transat. L'*Ile de France* ne fait qu'en apporter la confirmation, suivant en cela l'exemple de ses prédécesseurs qui me reviennent en mémoire.

La Provence, *La Savoie*, *La Lorraine*, *La Touraine*, comme croiseurs auxiliaires et transporteurs de troupes, *France II*, *Lafayette*, *La Navarre*, *Charles Roux*, *Flandre*, *La Bretagne*, comme navires hôpitaux, s'étaient brillamment comportés eux aussi pendant la guerre de 14-18, acheminant les uns quelque 300 000 hommes à destination ou en provenance de Salonique pendant la campagne des Dardanelles notamment, les autres rapatriant des milliers de blessés.

La Provence devait le payer de sa vie. C'est au cours, en effet, d'une traversée vers Salonique que, le 26 février 1916, il a été torpillé et a coulé avec à son bord 1 693 hommes du 3e Régiment Colonial.

Note : Pour retracer la navigation de l'Ile de France de 1940 à 1945 l'auteur s'est reporté au livre d'un anglo-saxon M. Don Stenford, publié chez Plon en 1960.

Bas relief de Baudry, représentant la province de l'Ile-de-France, domine la salle à manger des premières du paquebot.
(© Ass. *French Lines*)

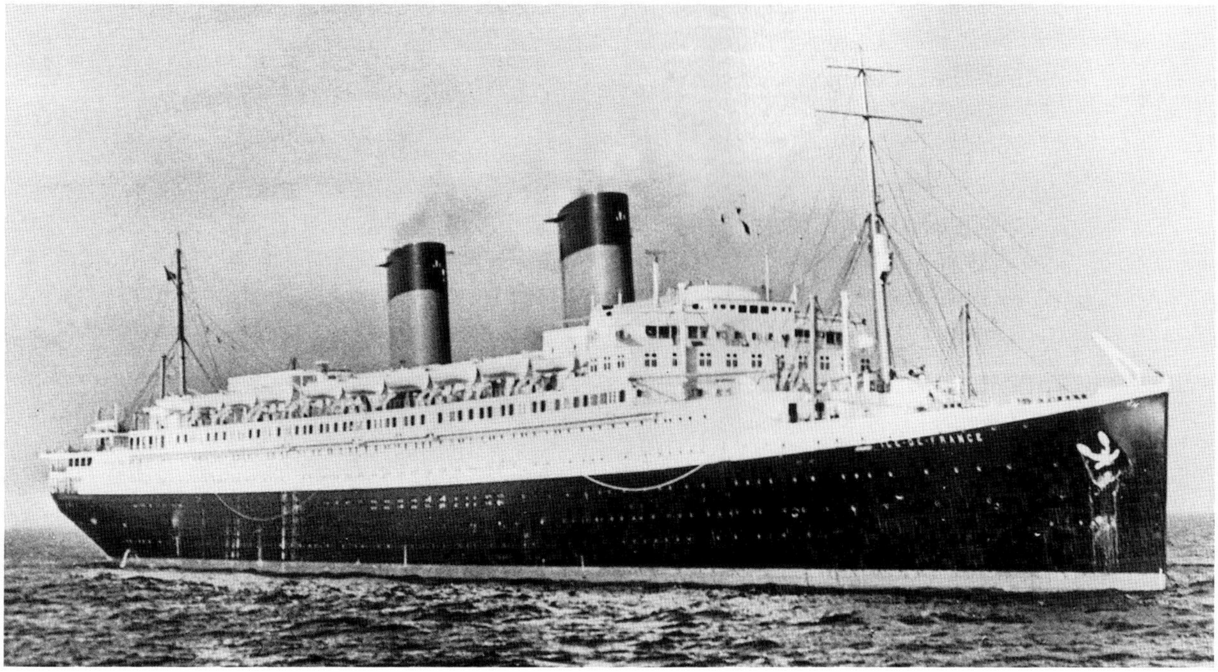

Le paquebot *Ile de France*, après sa rénovation menée avec célérité en 1949.
(© Musée de la Marine)

De 1914 à 1918 comme de 1939 à 1945 la Compagnie Générale Transatlantique n'a pas failli à son devoir. *Ile de France* va connaître maintenant un nouveau sort. On le croit condamné, fini, usé, bon pour la démolition. Il n'en sera rien. Sa baraka l'accompagne !

Changement de tenue

Rendu à la Compagnie Générale Transatlantique par le pool des Transports maritimes allié, la refonte complète du paquebot est décidée par le président Jean Marie, en entente avec les Chantiers de Saint-Nazaire qui sont chargés de l'opération et qui le reçoivent en avril 1947.

Après avoir subi la perte du *Paris*, en 1939 et celle de *Normandie*, en 1942, la Transat n'a plus, en effet, un seul grand paquebot à mettre sur la ligne Le Havre New York, son artère vitale. La remise en état d'*Ile de France* s'impose comme la solution la meilleure et la plus rapide. Après moins de deux ans de travaux, les chantiers livrent une unité méconnaissable, superbement rénovée - mise à part la coque - avec une silhouette modernisée, à deux cheminées, des machines refaites, des emménagements pour passagers transformés et une décoration entièrement nouvelle.

La capacité est ramenée à 1 345 passagers, ce qui libère des espaces permettant d'agrandir les cabines et les locaux communs. Le paquebot est doté d'une salle de spectacle de 350 places, d'une piscine et de l'air conditionné.

C'est le célèbre architecte Expert - il s'est illustré sur *Normandie* - qui a conçu la restructuration des locaux communs et orchestré la décoration, une des grandes nouveautés et des plus réussies étant le «Café de Paris», vaste local en fer à cheval, panoramique, largement ouvert sur la mer, à l'arrière du navire. La salle à manger des premières classes se distingue par un bas relief de dix mètres de haut et neuf de large dû au sculpteur Baudry, évoquant la province de l'Ile-de-France symbolisée par ses rivières et ses châteaux. Détail anecdotique : la partie inférieure du bas relief est occupé par La Marne sous la forme d'un ravissant nu féminin dont le dos se profile exactement à la hauteur de la table du commandant pour les dîners de gala et sert donc de fond aux photos rituelles ; ce qui fait dire plaisamment au comandant Raoul de Beaudéan, dans ses souvenirs : " *La Marne endormie dans le stuc, déroule au dessus de nous son opulente chevelure et présente à nos ironies l'auréole rabelaisienne de sa croupe.* "

Les classes Cabine et Touriste bénéficient, elles aussi, d'importantes améliorations sur le plan du confort et de la décoration.

27 juillet 1949, *Ile de France*, modernisée, de retour à New York, reçoit un accueil triomphal de la part des Américains. (© Keystone)

Ile de France sort donc des chantiers à la fin du mois de juin 1949. L'inauguration officielle au Havre a lieu le 18 juillet, présidée par le président de la République, Vincent Auriol, qui a tenu à marquer par sa présence, le caractère national de l'événement.

Le paquebot quitte Le Havre pour son premier voyage à destination de New York, le 21 juillet 1949, avec 1 200 passagers au nombre desquels : André Colin, ministre de la Marine marchande, Henry Ingrand, commissaire général au Tourisme, Max Hymans, président de la compagnie Air France, Anduze Faris, président de la compagnie des Messageries Maritimes et, bien entendu, Jean Marie, président de la Compagnie Générale Transatlantique.

A son arrivée à New York, le 27 juillet, *Ile de France* reçoit un accueil enthousiaste. Les américains ont déployé pour lui le tapis rouge et, pour la seconde fois, fait exceptionnel, tout le cérémonial rituel d'une inauguration officielle rappelant celle du 28 juin 1927.

Le séjour du paquebot est marqué par des cérémonies et réceptions diverses avant qu'il n'appareille pour sa traversée de retour le 30 juillet avec 1 280 passagers. La résurrection d'*Ile de France* est une réussite. Le paquebot entame, dans l'euphorie d'une nouvelle jeunesse, un troisième chapitre de son étonnante carrière.

Le Saint-Bernard de l'Atlantique

De retour sur le marché transatlantique, *Ile de France* retrouve la faveur de sa clientèle et son succès ne se démentira pas pendant les dix années qui lui restent à vivre.

Grâce à *Ile de France* et à *Liberté*, qui entre en ligne en 1950, la Transat reprend une exploitation normale sur la ligne de l'Atlantique Nord, se plaçant même en seconde position derrière la Cunard, en 1951, avec 79 200 passagers transportés. En 1952, avec ses deux grands paquebots, elle transporte plus de passagers qu'avec les cinq, dont *Normandie*, qu'elle armait en 1938.

Mais cette clientèle a changé. On voyage moins maintenant pour l'agrément que pour les affaires ou en mission. La vie à bord s'en ressent : moins d'étalage de luxe ou d'extravagances de milliardaires, moins de tenues de soirée, moins de noctambules... Néanmoins, pas mal de personnalités encore, telles le président et Madame Vincent Auriol, en voyage officiel en 1950, Paul Reynaud, le maréchal et Madame de Lattre de Tassigny, Harry Truman, Summer Wells, Jules Romains et des stars du moment, Mistinguett, Charles Trenet, Duke Ellington, Marcel Cerdan... Mais ce qui donne à l'*Ile de France* une nouvelle auréole et va lui valoir l'admiration des foules qui lui décernent le titre de " *Saint-Bernard de l'Atlantique* " ce sont les deux sauvetages dont il sera le héros en 1953 et 1956.

Le *Greenville*

Le 19 septembre 1953, *Ile de France* commandé par Franck Garrigue quitte Le Havre par temps médiocre qui se gâte au cours de la nuit. Le baromètre descend en flèche. Le lendemain matin, le paquebot va au devant d'une tempête de force 13 avec des vents de 85 à 90 nœuds. A 15 h 15, le 20 septembre, le radio Jean Desmas (un des résistants de 1940) capte un S.O.S du *Greenville*, cargo libérien, qui demande une assistance d'urgence. l'*Ile* répond : " *Sommes à environ 10 milles de vous et arrivons.* " Pendant toute la soirée et tout au long de la nuit, alors que la tempête redouble de violence,

Vu de la passerelle de l'*Ile de France*, le cargo *Greenville* donnant de la bande sur bâbord, en situation désespérée.
(Collection de l'auteur)

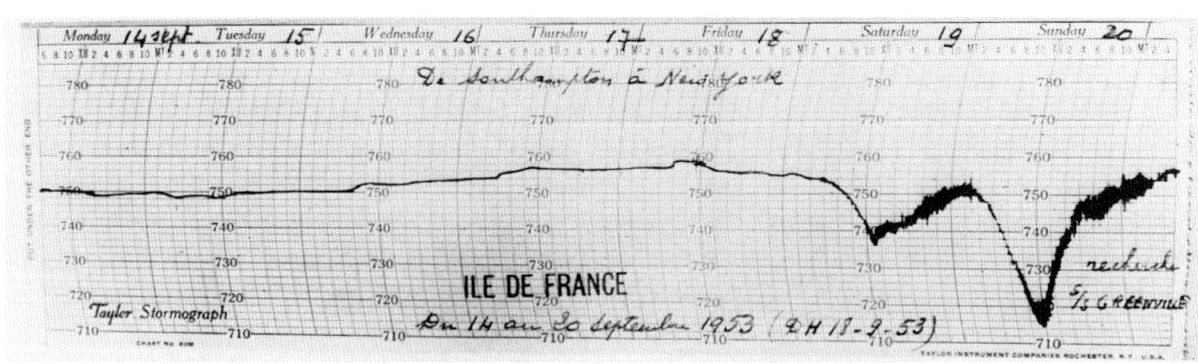

La feuille du baromètre enregistreur de l'*Ile de France* montrant le pic vertigineux de la dépression, origine de la terrible tempête qui rendit si périlleux le sauvetage de l'équipage du *Greenville*. (Collection de l'auteur)

des messages sont échangés avec beaucoup de difficulté entre le cargo en détresse et l'*Ile de France* qui le recherche. Ce n'est qu'à 3 heures, le matin du 21, que le paquebot peut enfin relever l'écho du *Greenville* sur son écran radar. Jusqu'à 6 heures, les deux navires restent en liaison radio constante, le commandant du *Greenville* ne se décidant pas à abandonner son navire malgré l'extrême gravité de son état. Ce n'est qu'à partir de 11 heures qu'il s'y résigne et que l'*Ile de France* peut mettre au point avec lui les dispositions du sauvetage. Dans un dernier message envoyé à 13 heures, l'*Ile* indique qu'il peut envoyer un canot en précisant : " *Il faudra que vous sautiez par dessus bord, nous vous prendrons par moitié mais ne pouvons rien faire avant l'arrêt des machines.* " A 14 h 29, *Greenville* émet un dernier message : " *Sommes sur le point d'abandonner le navire.* "

Le canot du paquebot est aussitôt mis à l'eau. Il est armé avec un équipage de huit volontaires, deux officiers et six matelots.

Depuis les ponts de l'*Ile de France*, les passagers suivent, angoissés, la progression du frêle esquif luttant contre les éléments déchaînés pour atteindre le cargo en perdition et pour ramener les naufragés qui sont hissés à bord du paquebot et y reçoivent les soins nécessaires. Six nouveaux

M. Jules Ramarony, secrétaire d'État à la Marine marchande, Jean Marie, président de la Transat, félicitent le commandant Franck Garrigue pour le sauvetage de l'équipage du cargo *Greenville*. (Collection de l'auteur)

DÉJEUNER

offert par
Monsieur le Président Jean MARIE
au Commandant GARRIGUE,
aux Membres de l'Etat-Major
et à l'Equipage de l'*Ile-de-France*
ayant participé au sauvetage
du cargo *Greenville* le 21 Septembre 1953

sous la présidence de
Monsieur Jules RAMARONY
Secrétaire d'Etat à la Marine Marchande

Le Havre, le 3 Octobre 1953

MENU

Le Melon de Cavaillon Rafraîchi au Porto d'Origine

La Timbale de Homard Flambé Xavier

Riz Pilaf

Le Filet Mignon du Bourbonnais Châtelaine

Le Foie Gras de la Chalosse Truffé dans sa Gelée

La Salade Bagatelle

La Coupe Givrée "Ile-de-France"

Les Friandises Gourmandes de Trianon

La Corbeille de Fruits

Riesling Domaines Dopff 1948
Château Leoville-Lascases 1945
Mumm Cordon Rouge

volontaires prennent la relève pour une seconde navette, dans des conditions encore plus périlleuses, la tempête atteignant son paroxysme. Les derniers hommes du *Greenville* sont rescapés.

Ce sont au total vingt-quatre hommes sur les vingt-six que comptait l'équipage - le second capitaine a été tué par la chute du mât et un matelot n'a pas eu la force de saisir le filin qu'on lui lançait - qui sont sauvés après plus de vingt-cinq heures de combat acharné.

L'écrivain André Chamson, qui en a été le témoin comme passager, consigne ses impressions dans un récit rédigé à chaud et qui sera publié à bord même par l'imprimerie du paquebot. Il écrit en conclusion : " *Le dernier des naufragés est à notre bord. Il ne reste plus sur l'épave qui tourne au ras des eaux que le second capitaine mort qui n'abandonnera pas son navire. L'*Ile de France *défile devant le* Greenville... *Un dernier coup de sirène, salut du grand navire au vieux cargo qui va glisser dans les profondeurs par 2000 mètres de fond. A côté de moi, un vieux marin breton mange ses larmes en faisant des grimaces. Je tourne la tête pour cacher mes yeux. Mais quelle fierté en pensant à celui qui, de sa passerelle, pendant des heures, a réglé ce splendide ballet de l'océan, à ce commandant qui porte le nom d'un paysage de France, à ces hommes qui se sont portés volontaires sans réfléchir et qui se sont dit sur l'océan déchaîné quelque chose que nous ne saurons jamais !* "

Un autre exemple édifiant de message, parmi le flot reçu à la compagnie, émane d'un médecin américain, passager lui aussi de l'*Ile de France* : " *...l'audace si généreuse de ces hommes dans leur petite embarcation m'a donné la très grande fierté de me sentir un membre de la race des hommes.*

*Chaque fois qu'on mentionnera devant moi quelques hautes qualités humaines, j'évoquerai désormais les hommes de l'*Ile de France. "

De retour au Havre, Franck Garrigue, ce commandant valeureux et tout son équipage reçoivent un accueil émouvant. Une cérémonie officielle, présidée par le président Jean Marie, en présence du secrétaire d'État à la Marine marchande, Jules Ramarony, se déroule dans le grand salon de l'*Ile de France*. Le commandant Garrigue reçoit de ses mains la croix de chevalier de la Légion d'honneur. Les officiers ayant armé le canot de sauvetage sont décorés du Mérite maritime et les matelots de la Médaille de Sauvetage.

Et, pour couronner le tout, le président Marie offre au commandant Garrigue, aux membres de l'état major et à l'équipage de l'*Ile de France* ayant participé aux opérations de sauvetage, un déjeuner servi à bord et préparé par le chef cuisinier dans les grandes traditions gastronomiques de la Compagnie, comme on peut en juger par le menu reproduit ci-contre.

Le palmarès de l'*Ile de France* s'enrichit, trois ans plus tard, d'un nouvel exploit.

Le président Jean Marie félicitant les hommes de l'*Ile de France* qui se sont portés au secours de l'équipage du *Greenville*. (Collection de l'auteur)

Le paquebot italien *Andrea Doria* photographié en mer en janvier 1953.
(Collection de Villermont)

L'*Andrea Doria*

L'*Ile de France*, sous le commandement de Raoul de Beaudéan, appareille de New York à destination du Havre le 25 juillet 1956, à 11 heures 30, avec 994 passagers à bord. C'est la saison critique pour la brume, celle où les eaux chaudes du Gulf Stream se mêlent aux eaux glacées du courant polaire. Il est suivi de peu par un paquebot blanc de la compagnie suédoise, le *Stockholm* qui s'engage derrière lui dans l'Hudson.

Comme cela était à craindre, l'*Ile de France*, vers 22 heures, pénètre dans un banc de brume qui devient de plus en plus épaisse. De l'aileron de la passerelle sur lequel se tient le commandant, les cheminées et les mâts sont bientôt invisibles !

A 23 heures 30, le chef radio lui transmet le message qu'il vient de capter : " *S.O.S de* Andrea Doria *0320 G.M.T. entré en collision avec autre navire, position 40°30' N 69°53'* ***0.*** " Le navire en question est identifié par les radars, il s'agit du *Stockholm*.

A la demande de l'*Ile de France* de savoir si le *Doria* a besoin d'assistance, la réponse est laconique : " Besoin aide immédiate. " L'*Ile de France* répond alors qu'il vient à son secours. Le commandant de Beaudéan a pris aussitôt la décision de se dérouter. Mais le *Doria* n'est déjà plus en état de répondre. L'eau a dû envahir ses machines. *Ile de France*, dans la brume, va à sa recherche, ainsi que deux autres navires qui naviguent à proximité, le *Cap Ann* et le *Private Thomas*.

A 5 heures 05, Le *Cap Ann* arrivé sur place signale que le *Doria* a besoin immédiatement de canots de sauvetage pour quelque 1 000 passagers et 500 membres d'équipage. A 5 heures 30, le *Private Thomas* annonce à son tour qu'il va mettre ses embarcations à la mer.

La brume, providentiellement, se dissipe peu à peu et quand l'*Ile de France* arrive à pied d'œuvre, il distingue nettement le *Doria* littéralement éperonné qui a pris une gîte considérable sur tribord, le mettant hors d'état d'utiliser ses canots. Il coule lentement sans se redresser.

C'est alors qu'ayant approché son paquebot au plus près, à moins de un demi mille, Beaudéan a l'idée miraculeuse de lancer cet ordre : " *Allumez le nom, les cheminées, les ponts. Allumez tout, vite...* " L'effet sur les naufragés est immédiat et magique.

Je laisse la parole au commandant : " *Une immense lueur rouge et blanche embrase la mer et le* Doria. *Les naufragés nous voient. Muets de saisissement, les malheureux nous contemplent, hypnotisés par cette présence toute proche.* " Un autre ordre suit immédiatement : " *Stoppez. Amenez les canots.* " Et Beaudéan de poursuivre : " *Cet ordre déclenche le roulement forcené des bossoirs. Onze canots, cinq d'un bord, six de l'autre, dégringolent à la mer avec leurs armements à une vitesse record, giflent la surface immobile, débordent et griffant furieusement l'eau de leurs avirons, s'éloignent à qui mieux mieux vers l'épave... La noria des canots s'établit. Le cœur serré, je vois mes coques de noix s'engager bravement sous la muraille menaçante qui, si l'épave chavirait, les écraserait de son énorme masse.* "

Le transfert des naufragés s'organise méthodiquement, facilité par l'état de la mer et la visibilité. A la portelone d'accueil, les gens de l'*Ile de France* s'empressent de recueillir les rescapés, à moitié nus, transis, effrayés. Soignés, réconfortés, enveloppés de couvertures, ils sont pris en charge par des passagers charitables, dans leurs propres cabines, ou sont étendus sur des chaises longues du pont promenade. Boissons chaudes et sandwiches leur sont distribués. A l'hôpital du bord, médecins, infirmiers et infirmières se dépensent sans compter pour panser, opérer, rassurer...

A lui seul, *Ile de France* recueille 576 passagers et 178 membres de l'équipage. Une vingtaine sont hospitalisés dans un état sérieux avec des fractures multiples.

Un autre problème se pose au commandant de l'*Ile de France* : le sort du *Stockholm* dont un message mentionne qu'il a son château gravement endommagé et une cale inondée mais qu'il va essayer de regagner New York à vitesse réduite. Il demande par précaution de pouvoir naviguer de conserve avec *Ile de France*.

Le paquebot suédois *Stockholm*, qui abordera, le 25 juillet 1956, l'*Andrea Doria* (© Keystone).

L'*Andréa Doria*, mortellement blessé par le *Stockholm*, dans la soirée du 25 juillet 1956, chavire par tribord et sombre.

Après avoir pris l'avis du médecin principal, et compte tenu de la présence sur les lieux d'autres navires, de Beaudéan se voit contraint de répondre par la négative : il lui faut retourner à New York le plus vite possible pour débarquer ses blessés, certains gravement atteints.

A 6 heures du matin, le lendemain 26 juillet, *Ile de France* hisse ses dernières embarcations, laissant le *Stockholm* que des navires des Coast Guards, partis du Cap Cod, vont escorter jusqu'à New York.

Il se met en route, lentement fait le tour de l'épave qu'il salue par trois fois du pavillon et de la sirène tandis qu'à bord, passagers, équipage et rescapés adressent leur adieu au paquebot qui va bientôt couler.

Déjà par radio, le monde entier est au courant du drame qui vient de se dérouler. De toutes parts, des messages enthousiastes vont déferler vers l'*Ile de France*. A New York où *Ile de France* accoste le jour même, à 18 heures 20, c'est pour la troisième fois de sa carrière un accueil triomphal qui l'attend, celui qui est réservé traditionnellement aux paquebots le jour de leur première arrivée et

Les survivants de l'*Andrea Doria*, recueillis par l'*Ile de France*, arrivent à New York le 26 juillet 1956, après le naufrage du paquebot (© Keystone).

que, lui, a déjà reçu deux fois, en 1927 et en 1949. Salué par les sirènes de tous les navires présents dans le port, survolé par des avions et des hélicoptères, escorté par les bateaux pompes et les remorqueurs, il remonte l'Hudson.

Au bas de la 49e rue, une foule considérable l'acclame. Aussitôt accosté, il est pris d'assaut par la presse, la radio, le cinéma, la télévision, pendant que la Croix rouge américaine prend en charge les blessés et les rescapés. Mais Beaudéan n'a pas de temps à perdre, au risque de compromettre tout l'horaire des voyages suivants de la saison. Dès 21 heures 20, il prend le chemin du retour sur Le Havre. Pendant toute la traversée, il est submergé de témoignages de gratitude et d'admiration.

Ile de France arrive au Havre le 2 août, ayant finalement rattrapé douze heures sur les trente-six heures de retard dû à l'interruption de son voyage.

" Son " port, " Sa " famille l'accueillent avec toute la chaleur qu'on imagine. Le grand salon du paquebot sert de cadre à la réception officielle donnée en son honneur. Le président de la Transat, Jean Marie présente à M. Roger Duveau, sous-secrétaire d'État à la Marine marchande, les sauveteurs et au premier rang d'entre eux, le commandant Raoul de Beaudéan. M. Duveau procède alors à la remise de la croix de chevalier du Mérite maritime à l'*Ile de France* accompagnée d'une citation qui reprend les termes de celle qui lui avait valut sa Croix de Guerre avec palme, en 1947,

en ajoutant au rappel de ses brillants états de service de guerre, la mention suivante : " *S'est par la suite et depuis sa remise en ligne sur l'Atlantique Nord particulièrement distingué au cours des périlleuses opérations qui ont marqué l'assistance prêtée au* Greenville, *le 21 septembre 1953, réussissant en dépit de la tempête, à ramener à son bord la presque totalité de l'équipage du navire en détresse. Alerté le 25 juillet 1956 par la S.O.S lancé par le paquebot italien* Andrea Doria *à la suite de son abordage par le* Stockholm *au large de la côte américaine, s'est immédiatement porté à son secours et a joué un rôle déterminant dans les opérations de sauvetage des passagers et de l'équipage de ce navire.* "

Le président Jean Marie, au nom de la Compagnie Générale Transatlantique, exprime avec ses félicitations, sa fierté, non seulement pour le magnifique esprit de solidarité dont les sauveteurs ont fait preuve, mais également pour la réussite complète d'une opération exécutée avec une rapidité, une précision et une efficacité qui font honneur à la qualification professionnelle de son personnel naviguant, et il remet au commandant de Beaudéan, la croix

M. Roger Duveau, sous-secrétaire d'État à la Marine marchande, remet au paquebot *Ile de France*, en présence de son commandant, Raoul de Beaudéan (à droite) les insignes de chevalier du Mérite maritime, lors d'une cérémonie qui se déroulait à bord, le 2 août 1956. C'est la première fois dans l'histoire qu'un navire reçoit cette décoration, épinglée à côté de sa Croix de Guerre, sur le cousin que porte le jeune mousse.
(Collection de l'auteur)

d'officier de la Légion d'honneur ainsi que la Médaille de sauvetage. D'autres médailles - Mérite maritime, Médaille de sauvetage - sont décernées aux officiers et matelots qui se sont distingués au cours du sauvetage.

Mais l'*Ile de France* n'en a pas fini d'être honoré ! Un nouvel hommage est rendu à son commandant au siège de la Transat à Paris, le 3 octobre 1956. C'est le gouvernement italien cette fois, et par l'intermédiaire de son ambassadeur en France, S.E.M. Quaroni, qui le décore de l'ordre du Mérite de la République et décerne à ceux des sauveteurs qui se sont particulièrement distingués, les croix de la Valeur de la Marine ou de l'Étoile de la solidarité.

Un an plus tard, le 23 octobre 1957, l'écho de l'exploit du paquebot se fera encore entendre à New York quand, à bord même du navire et en présence de nombreuses personnalités du monde maritime, M. Louis S. Rothschild, sous-secrétaire d'État aux Transports, remet au commandant le Merchant Marine Gallant Ship Award du gouvernement américain, décoration accordée neuf fois seulement à des navires ayant participé à des actions d'éclat sous le feu de l'ennemi durant la seconde guerre mondiale et pour la première fois, en temps de paix, à un navire étranger.

Cette année 1957 sera marquée par la seule ombre qui ait légèrement obscurci le tableau que notre souvenir conserve de l'*Ile de France* en majesté.

C'est en effet au cours d'une croisière américaine, alors qu'il était en escale à Fort de France, le 26 février, que le paquebot s'est échoué sur un fond rocheux. Déséchoué rapidement par ses propres moyens, sa croisière a dû être malgré tout interrompue et ses 786 passagers rapatriés sur New York, le navire étant envoyé en réparation sur un chantier américain de Newport News.

Mais moins de deux mois plus tard, le 1er mai, Ile de France reprenait son service régulier de New York au Havre.

L'Adieu

Le paquebot va poursuivre vaillament sa navigation jusqu'en décembre 1958, date à laquelle la Transat annonce qu'elle le retirait du service pour le mettre en vente à la démolition, n'entendant pas qu'il puisse être exploité sous un autre pavillon ou à d'autres fins.

La meilleure offre reçue a été celle d'une firme japonaise, Yamamoto Shoten, pour le prix de 456 755 livres sterling, soit 6 180 000 F de l'époque. La vente, signée le 12 janvier 1959, stipulait que le paquebot serait pris en charge par les Japonais au Havre pour être conduit par eux à Osaka et y être

Le nom Ile de France a été recouvert de peinture noire. Le paquebot s'appelle à présent *Furansu Maru* - le navire français, en japonais - avec à sa poupe, le pavillon ferlé du Japon. (Collection de Villermont)

démoli. Ils envoyèrent à cet effet un équipage d'une soixantaine d'hommes sous les ordres du commandant Souho Komaki.

Au Havre, c'est le commandant Botrel qui a été désigné pour mettre les acheteurs au courant des installations et de la marche du navire. La passation des consignes s'effectue dans un climat de parfaite courtoisie, le commandant japonais déclinant même l'offre du commandant Botrel de disposer de son appartement.

Détail amusant : les Japonais étant de petite taille, il fallut aménager des caillebotis sur la passerelle et les ailerons pour porter leur champ de vision au minimum indispensable. Rebaptisé *Furansu Maru* - le navire français, en japonais - ils eurent la délicatesse de ne jamais faire flotter le pavillon japonais sur le mât pendant le séjour au Havre.

C'est le 26 février 1959 que l'*Ile de France* a levé l'ancre à destination d'Osaka, par un temps froid et pluvieux, vers 8 heures du matin. Des milliers de personnes se pressaient sur les quais, tristes et silencieuses. A la coupée, le commandant japonais salua chaleureusement le commandant Botrel puis s'inclina avec déférence devant un homme âgé, grand et droit qui l'accompagnait. C'était le commandant Joseph Blancart venu dire un dernier adieu à ce paquebot dont la renommée a été si intimement associée à la sienne.

Ile de France nous quittait, pour toujours, après trente-deux ans de bons et loyaux services. Les Japonais, pour la sortie du navire, avaient hissé leur pavillon à la tête du mât, au dessus du pavillon français, comme la loi l'exigeait, mais c'était le pavillon tricolore qui flottait encore au vent car celui de l'Empire Levant était étroitement ferlé. Ce geste touchant fut très remarqué. Alors le navire s'éloigna, salué par les sirènes des remorqueurs.

Mais l'histoire de l'*Ile de France* est si riche qu'elle ne s'arrête pas là. Arrivé à bon port à Osaka, il est, le 10 avril 1959, l'objet d'une ultime cérémonie officielle empreinte d'un formalisme typiquement japonais. En guise de dernier hommage, à l'occasion du désarmement du navire, ses acheteurs donnent à bord un banquet de mille couverts qui réunit les membres du corps diplomatique, les plus hautes personnalités du monde maritime, civils et militaires, et de nombreux dignitaires, et qui se termine par une cérémonie religieuse célébrée suivant les rites séculaires par un prêtre shinto, cérémonie de purification pour préparer l'âme du navire à comparaître devant les dieux.

La démolition du paquebot aurait dû être entamée aussitôt après. Elle ne commencera que le 20 juillet car entre temps, un épisode imprévu a modifié le planning de l'opération. Un producteur de cinéma a obtenu des acheteurs, contre paiement d'une confortable location de 4 000 dollars par jour, que le paquebot serve de décor à un scénario prévoyant une explosion le détruisant et l'envoyant par le fond ! Devant les réactions hostiles soulevées par le projet, on se limita à un faux naufrage en noyant tout de même les cales et provoquant son échouement de l'avant. Après quoi le navire fut asséché et relevé avant d'être remorqué au chantier, pour y être démoli... et d'entrer, c'est sûr, au paradis shintô !

Paquebot de légende s'il en fut, plus heureux que *Normandie* mort accidentellement dans la fleur de l'âge, plus heureux que *France* né trop tard, vaincu par l'avion et par les chiffres, *Ile de France* symbolise à nos yeux ces années fastes, quand le pavillon de la Compagnie Générale Transatlantique et celui de la France brillaient encore de tout leur éclat sur l'Atlantique.

CHAPITRE V

La fin de l'histoire de *Normandie*

Ce dernier chapitre se déroule à New York.

Il va du 27 août 1939, date qui marque la fin de sa 139e traversée de l'Atlantique Nord, jusqu'au 10 février 1942, quant il est incendié et qu'il chavire dans l'Hudson.

Cette période est elle même scindée en deux par la réquisition du paquebot par les américains, qui intervient le 16 décembre 1941.

Jusqu'à cette date *Normandie* est encore propriété de la Compagnie Générale Transatlantique et bat pavillon français avec un effectif réduit au strict nécessaire. Le 12 décembre 1941, à 14 heures, il est saisi sur ordre du gouvernement américain par la U.S. Maritime Commission. L'ordre de réquisition officiel suit le 16 décembre. A partir de ce moment *Normandie* est réputé propriété des États Unis.

I - Du 27 août 1939 au 12 décembre 1941

Pendant cette période, *Normandie* est confronté à tous les problèmes de désarmement : entretien, sécurité, situation du personnel (équipage et état-major) aux menaces de sabotage et à l'occupation par les Coast Guards à partir du 15 mai 1941.

Situation du personnel

C'est par mesure de sécurité, pour écarter tout risque de torpillage qu'ordre a été donné à *Normandie* de surseoir à tout retour en France et qu'il a été décidé de le désarmer à New York. Sur l'effectif de 1 300 hommes un premier contingent de 900 hommes est rapatrié dans les jours qui suivent. D'autres se succéderont à la suite pour réduire finalement à 113 hommes l'effectif conservé à bord. Cette limitation n'a pas été obtenue sans peine. Le désir de tous était bien entendu de regagner la France le plus tôt possible, mettre les siens à l'abri en lieu sûr, rejoindre ensuite au front les camarades mobilisés. Il a fallut beaucoup de persuasion de la part des officiers et du commandant Payen de la Garenderie pour y parvenir. C'est qu'en outre la situation financière des éléments maintenus embarqués était des plus critique du fait des délégations de soldes aux familles ce qui ne leur laissait qu'une part infime disponible. Le dénuement dans lequel cette situation plonge de nombreux éléments est une source d'inquiétude très sérieuse pour le commandant qui est parfaitement conscient du danger de voir ses hommes attirés, lorsqu'ils allaient à terre, par des propositions émanant d'individus plus ou moins mal intentionnés : agents de l'ennemi, gangsters…

Les jours passant, cette situation évoluera plus favorablement grâce à l'intervention d'associations charitables telles que " The French Hospital " ou " The French Benevolent Society " qui peuvent prendre en charge ces " malheureux " et leur fournir vêtements d'hiver, apports de nourriture et distractions diverses. À tel point que lorsque le commandant Le Huédé, arrivé à New York en janvier 1941 pour relever le commandant Le Bez qui avait lui même pris la relève du commandant Payen de la Garanderie en mars 1940, il fera la différence entre leur sort et celui de leurs semblables soumis en France à toutes les restrictions et tous les dangers de l'occupation. Il s'en explique dans sa lettre du 6 février 1941 à Henri Cangardel : " Tout ce qu'on peut raconter ici sur la France et sa misère est écouté comme on peut écouter un roman. Ce n'est pas aux gens simples de l'équipage que l'on peut faire comprendre que leurs camarades crèvent de faim et de froid lorsqu'ils sont eux mêmes gavés et bien au chaud. Ils comprendraient sûrement mieux avec des camarades arrivant de France directement "

En attendant, jusqu'à la première occupation par les Coast Guards en mars 1941, le moral des hommes est tant bien que mal préservé en dépit des traumatismes causés par les nouvelles de France qui leur apprennent successivement l'invasion, la défaite, l'occupation, l'appel du 18 juin 1940, l'armistice du 22 juin 1940. Ces nouvelles ont pour effet d'entraîner quelques éléments, une vingtaine, principalement dans le service machine, à quitter le bord et rejoindre les rangs de la France libre.

Entretien et sécurité

A bord toutes les précautions sont prises pour maintenir le navire en excellent état et prêt à reprendre la mer. Les travaux d'entretien général sont effectués scrupuleusement. Pour ce qui est de l'ameublement des locaux passagers, tout a été recouvert de toiles et de housses. Tous les tapis ont été naphtalisés, les nickels et aciers inoxydables ont été vaselinés. L'intérieur du navire est chauffé à l'aide de thermo-tanks pour éviter la détérioration de la décoration par le froid et l'humidité.

En matière de sécurité, les consignes habituelles ont été renforcées. Le système de détection est éprouvé par des rondes régulières. Le collecteur d'incendie maintenu sous pression. Sur les 113 hommes embarqués, les deux tiers sont en permanence à bord et la nuit l'effectif est toujours au complet.

La collaboration des autorités locales en la personne du maire de New York, monsieur La Guardia, est acquise pour déjouer toute tentative d'espionnage ou de sabotage. C'est ainsi qu'une vedette de la police est en permanence à l'entrée de la darse. La nuit une deuxième vedette vient en renfort et se place tout près de l'étrave, à toucher le quai. La marine militaire elle-même participe à la protection du navire en plaçant à l'extrémité du pier une vedette rapide armée de Coast Guards. La police surveille d'autre part l'accès au pier 88 et l'accès à bord. Toutes ces mesures s'ajoutent au système de veille assurée par le personnel de bord.

Menace de sabotage

C'est à partir de 1941 que le risque de sabotage commence à être évoqué dans la presse. La menace est colportée par " Les Français Libres ", organisation gaulliste. Le " New York Herald Tribune " du 2 avril 1941 s'en fait l'écho sous ce titre " Les partisans de De Gaulle ont l'intention de mettre des équipages entraînés, loyaux à la cause alliée, à bord de tous les navires français saisis au États Unis " (19 navires français dont *Normandie* se trouvent alors dans les eaux américaines). L'attention est attirée sur le danger considérable de sabotage qu'encouraient les navires français à cause du sentiment artificiel anti-britannique claironné par le gouvernement de Vichy. Au cas où les allemands exerceraient une pression sur Vichy pour que des ordres soient donnés aux équipages des navires français se trouvant actuellement dans les ports neutres, en vue de la destruction des machines et des autres appareils, il est certain que quelques uns des membres de ces équipages les exécuteraient ". C'est à ces insinuations odieuses que le commandant Le Huédé, indigné, répond en ces termes : " L'état-major et l'équipage de *Normandie* ont un réel sentiment de leur devoir et connaissent la réelle valeur de leur navire. Ma grande joie a été de retrouver ici des officiers et des hommes qui, embarqués en octobre 1934, n'ont jamais quitté le navire qu'ils aiment comme un marin sait aimer son bateau. N'essayez pas de demander à ceux-là de le saboter. Vous n'aurez pas plus de succès qu'avec moi. Ils savent apprécier de tout cœur la généreuse hospitalité qui leur a été accordée à New York. Grâce à elle ils supportent courageusement leurs longues heures d'exil. Ils ont l'espoir qu'un jour ils pourront témoigner eux-mêmes leur reconnaissance à de joyeux passagers sur un *Normandie* éblouissant de lumière et voguant vers la France ".

Les bruits d'un sabotage possible de *Normandie* par quelques membres de son équipage ralliés à la cause alliée continuent de se répandre et s'amplifient jusqu'à ce que, le 15 mai 1941, la station radio

WCBX annonce, en langue française, que le gouvernement américain après avoir pris connaissance des déclarations du Maréchal Pétain dans son discours de la veille annonce que le moment est venu pour le peuple français de choisir entre l'Allemagne qui est l'agresseur et l'Amérique, et qu'il est prêt à prendre, à ce sujet, des mesures très énergiques. En fait, il est sûr qu'en haut lieu le gouvernement américain et le Président Roosevelt, en prévision d'une prochaine entrée en guerre des États Unis, avaient déjà arrêté les dispositions à prendre pour que *Normandie* soit préservé " à toutes fins utiles ".

Elles sont immédiates puisque dans la soirée du même jour un détachement de 11 Coast Guards sous le commandement du commandant Bayliss, capitaine de port, monte à bord de *Normandie* et se présente au commandant Le Huédé avec pour mission de protéger le paquebot contre tout sabotage provenant de l'extérieur ou de l'intérieur, en collaboration avec son état-major et son équipage, et en mettant, pour ce faire, à leur disposition tous les Coast Guards nécessaires.

Le Huédé, qui connaît bien Bayliss et entretient avec lui des relations professionnelles tout à fait cordiales, l'assure qu'il n'y a aucun danger à redouter venant du bord.

- " Vous prenez une grande responsabilité " lui déclare Bayliss. Le Huédé lui répond : " Je connais mon équipage et je sais que je peux prendre cette responsabilité. Pour assurer la sécurité du navire, j'ai toute confiance en lui ".

- " Combien avez-vous d'hommes en ronde dans le navire ? " demande Bayliss.

- " En ce moment j'en ai deux seulement ".

- " Je puis vous donner 200 à 500 Coast Guards ".

- " Oui, mais je suis plus tranquille avec mes deux rondiers qui connaissent parfaitement le navire qu'avec vos 500 Coast Guards qui ne le connaissent pas. Et puis avez-vous autant de confiance en eux que j'en ai dans les miens ? "

Et de conclure l'entretien par cet avertissement prémonitoire : " Nous ne saboterons jamais *Normandie*. Je puis vous en donner ma parole. Mais si nous voulions le faire, rien de plus facile pour nous. Il nous suffirait de quitter tous ensemble le navire et de vous le laisser ".

Quoiqu'il en soit, le lendemain 16 mai l'occupation du paquebot est effective avec 150 Coast Guards et leurs officiers.

L'occupation du paquebot

La présence de cette troupe modifie quelque peu le climat à bord. De fréquents accrochages ont lieu entre les membres de l'équipage et leurs " anges gardiens " pour des mobiles plus ou moins futiles : indiscipline, désordre, mouvements intempestifs dans la machine etc... Malgré cela les travaux de visite et d'entretien, manœuvre des appareils, vannes, commandes diverses, mécaniques et électriques, sont effectués régulièrement par les gens du bord, escortés par les américains.

Sur le plan politique, la tension monte. Le " Daily News " du 1er septembre reprend le thème du sabotage en publiant un radio reportage des speakers Drew Pearson et Robert S. Allen qui déclarent à la NBC : " que les Coast guards le sachent ou non les officiers à bord des bateaux ont reçu des ordres de les saboter ".

Le 2 novembre 1941 les Coast Guards qui dépendaient jusque là du Treasury Department en tant que douaniers passent sous le commandement de la U.S. Navy.

Le 3 décembre leur contingent est porté à 160 hommes.

Le 7 décembre 1941, les américains, abasourdis, apprennent le désastre de Pearl Harbour : 18 navires coulés, 190 avions détruits, plus de 2 000 morts et de 800 blessés. L'opinion publique, jusque là plutôt isolationniste, est retournée. Le Président Roosevelt obtient du Congrès la déclaration de guerre au Japon.

Dès le lendemain, la pression sur *Normandie* s'accentue et les mesures de surveillance sont renforcées. Le commandant des Coast Guards Bayliss prévient le commandant Le Huédé de prendre toutes dispositions - logement et nourriture - pour recevoir quelque 900 hommes supplémentaires. Le 10 décembre des représentants de la Maritime Commission et l'ambassadeur de France venus de Washington visitent le paquebot. Aucune décision n'est encore prise pour sa future utilisation.

Les événements se précipitent. Le 11 décembre, les États Unis entrent en guerre contre l'Italie et l'Allemagne. Sur *Normandie*, le nombre des Coast Guards est encore augmenté. Aux machines et dans les chaufferies les 4 hommes de quart sont sous la surveillance de 13 Coast Guards.

L'ordre de saisie de *Normandie* est signifié le 12 décembre vers 13 heures.

II - Du 12 décembre 1941 au 4 décembre 1942 Saisie et réquisition du paquebot

L'ordre envoyé de Washington en date du 12 décembre directement à la Police de sûreté (FBI) prévoit un débarquement immédiat de tous les officiers et de l'équipage, leur envoi à Ellis Island et leur remplacement par des américains. Des sentinelles en armes sont postées partout. Les communications sont coupées avec l'extérieur.

Dans les machines et chaufferies, officiers et hommes de quart sont remplacés instantanément par les Coast Guards qui prennent désormais la responsabilité de maintenir les chaudières sous pression et d'assurer la sécurité.

Pendant ce temps le commandant Le Huédé tente de négocier avec le commandant Bayliss un délai pour permettre à ses hommes de rassembler leurs affaires et pour obtenir aussi le maintien à bord d'un minimum d'effectif absolument indispensable à ses yeux pour la sécurité.

Après échanges téléphoniques avec Washington et l'ambassadeur de France, Monsieur Henri Haye, des instructions définitives et impératives sont données : le débarquement doit être effectif à 16 heures et 16 hommes seulement sont autorisés à rester à bord. A savoir : le commandant, le second capitaine, 2 lieutenants, le docteur, 6 officiers mécaniciens, un maître commis, un cuisinier, 3 garçons de carré.

A 17 heures, *Normandie* est évacué. Tous, commandant, officiers et hommes d'équipage descendent à terre, en direction des cutters amarrés, prêts à les conduire à Ellis Island.

Le second capitaine Agnieray décrit la scène : " On s'aperçut alors que le pavillon français n'était plus au mât de poupe. C'était normal car les couleurs doivent être rentrées au coucher du soleil et l'officier des Coast Guards avait donc donné l'ordre de le faire. Mais le fait de ne plus voir le pavillon français là où il avait flotté pendant près de 6 ans nous choqua et nous ne pûmes nous empêcher de faire quelques réflexions peu flatteuses pour les américains. Le commandant Bayliss, qui se trouvait entre le commandant Le Huédé et moi, comprit immédiatement et donna l'ordre de remettre les couleurs françaises en place, puis il fit braquer le projecteur des cutters sur le pavillon. Le spectacle était émouvant, poignant. Ce pavillon seul visible dans la nuit tombante, ondulant doucement dans la brise du soir avait quelque chose de féerique. Un silence complet s'établit pendant quelques secondes. Et, tout à coup, comme une explosion, éclata " la Marseillaise " reprise en cœur par l'équipage ". Les cutters s'éloignent. Seuls, le commandant Le Huédé avec le petit groupe des hommes autorisés à rester à bord regagne le navire.

A bord le commandant Bayliss déclare au commandant : " Vous êtes maintenant mon invité. Je tacherai de vous traiter aussi bien que vous l'avez fait lorsque vous m'avez reçu ". Et Le Huédé de lui répondre : " Je préfère de beaucoup être à ma place qu'à la vôtre. Je ne voudrais pas remplir votre rôle ".

Dans son rapport de mission, résumant la situation, le commandant Le Huédé écrit : " Que pouvait-on nous reprocher ? Jusqu'à cette minute précise *Normandie* est resté droit à son poste, sans incendie, sans avarie. Son entretien est tel qu'en moins de 15 jours, avec son équipage français au complet, il peut appareiller et reprendre en mer son titre de plus beau navire du monde. Nous en sommes très fiers, et à juste raison. Cependant 200 Coast Guards sont venus en renfort pour nous empêcher de le saboter et ce sont eux qui vont commencer. "

A bord, les incidents et les avaries se succèdent. Le désordre règne, les Coast Guards ne connaissent rien du navire et ignorent tout du fonctionnement des services de sécurité du bord. Un jour, c'est une panne de courant générale, tous les disjoncteurs lumières ayant sauté, seul le circuit secours fonctionne. Un autre jour, c'est une panne de la pompe à eau potable qui provoque l'arrêt de toute la distribution d'eau, etc…

Le 16 décembre 1941, à la saisie provisoire est substituée la réquisition officielle - affichée à bord. Les derniers Français restant à bord, dont le commandant, doivent débarquer. Le pavillon français est amené définitivement et n'est pas remplacé.

A partir du 17 décembre les inventaires et le déménagement des meubles commencent. L'établissement des inventaires, service par service représente un travail énorme. Il va se poursuivre sans arrêt jusqu'au 7 janvier 1942. Des conférences quotidiennes réunissent les officiers de *Normandie* autorisés à remonter à bord à cet effet. Sous la présidence du capitaine Summers de la Maritime Commission, il est procédé à une évaluation contradictoire. Les états ainsi dressés rempliront 600 feuilles pour la machine, 160 pour le pont, 3 000 pour le civil !

Pendant ce temps, le 24 décembre 1941 débutent les travaux de transformation. Mais les autorités américaines hésitent encore sur l'utilisation future du paquebot : navire porte-avions ? transport d'avions démontés en caisses ? croiseur auxiliaire, transporteur de troupes ? C'est finalement cette dernière formule qui sera retenue. Mais tous ces atermoiements ont fait perdre beaucoup de temps. Or, il devient de plus en plus urgent que le paquebot soit prêt à appareiller pour remplir sa nouvelle mission.

Les travaux de transformation sont adjugés à la société Robin Dry Dock and Repairs C°.

La répartition des tâches est dès lors la suivante :

- aux Coast Guards : la sécurité
- à la Maritime Commission : les inventaires
- à la Navy : la surveillance des travaux
- à la Robin Dry Dock and Repairs : l'exécution des travaux.

Le 1er janvier 1942 le paquebot a été rebaptisé *Lafayette*. Le lendemain on filme l'enlèvement des lettres Normandie. Le film passera partout le soir même aux actualités dans les cinémas de New York.

Le 6 janvier 1942 il est question que le navire aille à Boston. Les chantiers doivent modifier et accélérer en conséquence leur travaux. Le 8 janvier, comme prévu, les inventaires sont terminés.

Le 23 janvier, dernière conférence tenue à bord. Le commandant Le Huédé et le chef mécanicien Le Borgne quittent *Normandie* pour ne plus jamais y revenir et ne plus le revoir !

Le nouvel équipage américain de 500 hommes sous le commandement du captain Robert C. Conan doit prendre position à bord le 9 février en prévision d'un appareillage imminent.

Et c'est le 9 février 1942 à 14 heures 35 que l'incendie éclate à bord du *Lafayette*. A 20 heures il est maitrisé mais la gîte augmente d'heure en heure, car les pompiers ont déversé des tonnes d'eau (on évalue à 6 000 tonnes le poids de l'eau déversée par les pompiers) qui se sont accumulées dans les hauts du navire provoquant cette gîte qui atteindra plus de 40° à 23 heures. À minuit l'ordre formel d'abandon est donné. À l'heure de la pleine mer, à 2 heures 45 le 10 février, le paquebot chavire dans les eaux glacées de l'Hudson. Il est perdu.

La manière dont les opérations ont été conduites sera sévèrement jugée plus tard. C'est ainsi que le Sénat américain dans sa séance du 21 mai a manifesté son mécontentement à l'égard des responsables de l'incendie en refusant de confirmer la promotion, au rang de vice-amiral, du contre-amiral Andrews, commandant naval de la côte atlantique sous l'autorité duquel était placé *Normandie* au moment de l'incendie. Dans son rapport le Sénat constate que " les causes de l'incendie sont dues à l'absence de toute autorité responsable pendant les travaux d'emménagement. La négligence, le manque de précaution et la mauvaise direction ont contribué à l'incendie. Le sabotage n'a joué aucun rôle. "

Tout a été dit et écrit sur les circonstances de la catastrophe dont l'origine purement accidentelle est parfaitement établie. (Cf. de l'auteur : Normandie, Ed Herscher, Cette Grande Dame que fut la Transat, Ed M.D.V.)

Ce qui est moins connu, c'est le débat auquel elle a donné lieu entre la Compagnie Générale Transatlantique, l'État français et le gouvernement américain, débat qui a porté sur le transfert de la propriété du navire avec tout qu'il contenait et sur l'indemnisation due à ses propriétaires.

Des documents d'archives permettent aujourd'hui d'un reconstituer les péripéties.

III
Position de la Compagnie Générale Transatlantique et de l'Etat français au regard de la réquisition, de la perte et de l'indemnisation

Le sort de *Normandie* à New York a commencé à être débattu dans les mois qui ont précédé la réquisition du 16 décembre 1941. Des négociations ont été engagées entre le gouvernement français, la Compagnie Générale Transatlantique et le Département d'État américain par l'intermédiaire de notre ambassadeur à Washington, Monsieur Henry Haye. Elles ont porté sur un projet de vente à réméré du paquebot avec la garantie d'une restitution à l'issue des hostilités, ou en cas de perte, de la livraison d'un tonnage équivalent.

Ces pourparlers se poursuivaient lorsque les français ont été mis devant le fait accompli avec la réquisition effective au motif “ que les conditions mises au paiement de cette vente étaient rendues impraticables par l’entrée des États Unis dans la guerre et que la Maritime Commission avait dû réquisitionner *Normandie* sous l’empire des lois existantes, étant reconnu que des compensations légitimes seraient données aux propriétaires du navire.”

Cette situation nouvelle a eu pour effet de provoquer une vive protestation du gouvernement français et d’ouvrir un contentieux d’une grande complexité qui va se développer tout au long des mois et des années suivantes, jusqu’en 1946.

L’une des premières questions débattues a été celle de la propriété même du navire. Pour la Compagnie Générale Transatlantique, la réquisition ne correspondait qu’à une dépossession temporaire. Pour les américains il s’agit bien d’un transfert de propriété en vertu des dispositions légales en vigueur (Bland Bill du 6 juin 1941).

S’est reposé alors le problème de la vente avec comme corollaires l’estimation de la valeur du navire avec tout le matériel, mobilier, décorations et œuvres d’art etc., du montant de l’indemnisation et ses modalités de règlement… le tout assorti de multiples variantes et de conditions qui ont donné lieu à des débats d’autant plus serrés et difficiles à mener qu’il fallait tenir compte de la situation politique du moment : siège social de la Transat situé à Paris en zone occupée, gouvernement français replié à Vichy en zone libre, existence d’une délégation de la direction de la Transat à l’agence générale de Marseille.

Toutes les communications codées doivent donc transiter en France par Marseille, et à New York par notre ambassadeur. Sans parler des difficultés rencontrées pour passer de la zone occupée en zone libre. Exemple ce témoignage émanant du président Cangardel lui-même : “ Voyage à Vichy du 7 au 9 janvier 1942.”

“ Extrême difficulté pour passer la ligne de démarcation avec des papiers d’affaires. J’ai dû insister très vivement pour garder par devers moi les documents que je portais et qui ont été inventoriés par la douane allemande. Après une longue discussion - et à titre exceptionnel - on m’a laissé passer, en m’avisant qu’à mon retour à Vichy je ne devrai rien avoir sur moi. L’officier de douane a ajouté que nous aurions dû savoir que des autorisations spéciales sont données par les autorités allemandes de l’Hôtel Majestic pour le transport des documents d’affaires ”.

Dans la perspective d’une vente pure et simple au gouvernement des États Unis différentes solutions ont été envisagées pour le paiement :
- soit le remboursement en fonds libres - voire en or pour se prémunir contre les risques de change
- de la valeur agrée à laquelle s’ajouterait une indemnité de privation de jouissance ;
- soit le remplacement en tonnage équivalent comme prévu initialement ;
- soit une combinaison de ces deux modes de paiement.

Le remplacement en tonnage, qui sera la solution retenue in fine, mais beaucoup plus tard, demandait à être affinée : le remplacement tonne pour tonne n'était pas acceptable pour la Transat. Elle estimait à juste raison que la valeur d'une tonne d'un paquebot aussi exceptionnel que *Normandie* valait au minimum le triple d'une tonne de cargo ordinaire dans l'hypothèse d'une compensation en matériel de ce type. En cas de compensation en tonne de paquebot, il fallait donc se baser sur les 83 422 tx que jaugeait *Normandie*.

Pour ce qui est de la valeur la base de calcul avancée par la Compagnie Générale Transatlantique correspondait au prix de revient effectif du paquebot. Le prix mentionné dans la lettre de commande aux Ateliers et Chantiers de Saint-Nazaire Penhoet du 29 octobre 1930 était de 700 millions de francs. Mais le prix de revient global et définitif compte tenu des révisions de prix, des intérêts intercalaires et des emménagements et transformations effectués par la suite, s'est élevé en vérité à 863 millions de francs. A titre indicatif les œuvres de décoration y entraient pour un montant de 89 650 000, soit 10,3 % du prix global.

C'est à un chiffre très voisin que les estimations à dire d'experts, de mars 1942, ont abouti ; soit très exactement 858 917 000 correspondant à 56 711 862 dollars au taux de 15,14 francs pour 1 dollar.

C'est sur cette base - qui ne tenait pas compte de l'indemnité pour privation de jouissance et de l'occupation du navire de mai 1941 à janvier 1942 - que les négociations ont été menées pour fixer le montant de l'indemnisation totale.

Le sort du matériel, du mobilier et de la décoration a fait l'objet de mesures particulières dont certaines ont été prises avant même la saisie et la réquisition. C'est ainsi que le 26 décembre 1941 à la suite d'une demande présentée par notre ambassadeur, Monsieur Henri Haye à la Maritime Commission celle-ci a fait savoir " qu'elle acceptait de laisser au gouvernement français la disposition des meubles et éléments de décoration présentant du fait de leur caractère artistique une valeur hors de proportion avec l'usage futur du navire ".

Une liste a donc été dressée et transmise à New York des objets à débarquer par ordre de préférence. À savoir :

1 - les laques de Dunand du fumoir
2 - la décoration murale, le tapis central et les sièges en tapisserie d'Aubusson du grand salon
3 - la porte d'entrée de la salle à manger
4 - l'autel, la tribune, le chemin de croix, la porte et les instruments sacerdotaux de la chapelle.
5 - le mobilier du salon dames, piano et meubles Ruhlmann
6 - la mappemonde du salon des tigres et les vases de Sèvres
7 - les meubles de prix des suites de luxe
8 - enfin les peintures et les sculptures pouvant être déposées.

Le tout devant être déposé en garde-meubles en attendant qu'on décide du sort définitif de tous les objets de valeur dont on redoutait déjà que la conservation pour une durée probablement très longue n'entraîne des dépenses considérables.

En dehors de ces objets, il était entendu que la Transat récupérerait pour ses besoins futurs : l'argenterie, le vermeil, le matériel inoxydable des cuisines et des salles à manger, le linge (50 000 pièces), les couvertures en laine des cabines et de l'équipage, les plaids (5 600 pièces), la bibliothèque des trois classes (4 862 volumes).

Par ailleurs, l'ambassadeur avait reçu des Affaires Étrangères à Vichy l'autorisation d'employer certaines pièces du mobilier et des objets d'art pour la décoration des salons de l'ambassade à Washington, des consulats français et à la chambre de commerce française de New York.

Toutes ces dispositions sont devenues caduques après le 10 février 1942 suite à l'incendie et au chavirement ayant entraîné la perte de *Normandie*. Le problème du matériel, du mobilier et de tout ce qui avait été débarqué se trouve donc à nouveau posé.

Fort de l'autorisation qui avait été donnée par les Affaires Étrangères, l'ambassade présente une liste de ce qui serait à réserver pour son compte. Liste imposante qui comprenait :

- pratiquement tout le mobilier du grand salon
- le mobilier des suites " Jumieges " et " Bayeux "
- mobilier et panneaux du salon des tigres et du salon dames
- une cinquantaine de fauteuils du gril, de la bibliothèque et de la classe touriste
- une vingtaine de tapis de cabines
- du linge en quantité : 45 nappes, 24 paires de draps, 30 douzaines de serviettes de toilette, 400 articles divers.

Informée, la direction générale de la Compagnie à Paris tient à mettre aussitôt les choses au point en rappelant que lorsqu'elle avait donné un accord de principe aux Affaires Étrangères pour répondre à la demande de l'ambassadeur, elle envisageait seulement la mise à sa disposition de divers objets d'art dont il avait été prévu qu'ils seraient exposés dans différents musées jusqu'à la fin des hostilités.

La direction générale confirme clairement que son intention est de conserver, pour ses besoins d'après guerre, tout le mobilier et le matériel réutilisables, en insistant sur le fait que c'est sa propriété exclusive et qu'elle seule peut en disposer, comme de tous les autres objets de valeur débarqués.

Par lettre datée du 13 juin 1942, le ministre des Affaires Étrangères partageant ces réserves précise alors à l'intention de l'ambassadeur que l'entente qui avait été envisagée ne visait ni la totalité du mobilier débarqué ni la lingerie, ni la literie du navire. Il l'autorise seulement à en acheter une partie à la Compagnie Générale Transatlantique dans la limite d'une somme de 200 000 francs.

Entre temps, la position de la Compagnie a évolué. Après une étude plus approfondie, des problèmes posés par la conservation de tout le matériel débarqué et le remboursement à l'administration américaine des frais considérables de main d'œuvre, transport, emballage, emmagasinage, assurance et droits de douane, à supporter jusqu'à la fin de la guerre sans parler des risques de détérioration, la direction générale révise son plan et s'en tient à la récupération seulement de l'argenterie, du linge, de la vaisselle de table et de cuisine, de la cristallerie, des couvertures et plaids, des chaises de pont, des livres des bibliothèques, des objets de culte catholique et du matériel divers tel que aspirateurs, machines à écrire, irremplaçables dans la pénurie de l'époque.

En prenant ce parti pénible mais dans un souci de bonne gestion des comptes de la société, les dirigeants de la Transat ont bien conscience d'accepter l'abandon de tout ce qui présentait une valeur morale et de souvenir inchiffrable.

C'est donc finalement l'administration des douanes américaines qui va procéder en 1942 et 1943 à des ventes aux enchères de tout ce que la Transat renonce à conserver. Le produit en sera récupéré dans l'indemnité de réquisition à recevoir le moment venu.

C'est ainsi que seront dispersés les trésors extraits de *Normandie*. Plusieurs retrouveront heureusement une place d'honneur sur l'*Ile de France* et *Liberté* au moment de leur rénovation en 1939 et 1940. Ce sera le cas notamment pour les laques de Dunand qui ornaient le fumoir. Mais beaucoup d'autres, hélas, vont partir au gré des ventes enrichir marchands, antiquaires ou collectionneurs avisés, de France ou de l'étranger.

On peut citer par exemple les panneaux en verre gravé de Dupas qui revêtaient les parois du grand salon et qu'on retrouve, achetés par Malcolm Forbes dans The Forbes Building à New York.

Autre exemple : la porte en bronze de Raymond Subes qui faisait communiquer le grand hall à la salle à manger et dont les dix médaillons dorés sur fond vert antique décorent maintenant le portail de l'église Notre Dame du Liban à Brooklyn.

Autre exemple encore : la grande statue de Baudry symbolisant la Normandie qui surplombait l'escalier conduisant au fumoir et qui se trouve aujourd'hui dans le hall de l'hôtel Hilton-Fontainebleau de Miami.

Les circonstances et les événements qui se déroulent dans les derniers mois de 1942 font que le règlement du contentieux *Normandie* est de nouveau retardé.

En novembre 1942, c'est l'occupation de la zone libre, suivi du sabordage de la flotte à Toulon le 27 novembre et de l'assassinat le 24 décembre de l'Amiral Darlan, ministre d'état de la marine. Les services de la marine marchande qui suivent l'opération *Normandie* dépendaient de l'amirauté.

Il faudra donc attendre mai 1946 pour qu'un accord soit enfin conclu entre les parties intéressées - cela dans le cadre des accords Blum Byrns qui liquident tout le contentieux franco-américain né de la guerre.

La Compagnie Générale Transatlantique possédait du chef de la réquisition et de la perte du *Normandie* une importante créance sur les États Unis. Un acompte symbolique de 400 000 dollars sur cette créance avait été bloqué à la trésorerie par le gouvernement américain. Cette créance de la Compagnie avait été finalement évaluée par les experts commis par les deux parties à la somme de 63 millions de dollars environ à rapprocher du chiffre de 56 711 862 dollars mentionné précédemment.

Son règlement se fera par l'intermédiaire du gouvernement français. Celui-ci ayant pris à son compte l'ensemble des créances privées françaises et les ayant englobées dans le règlement général des accords Blum Byrns s'est donc substitué au gouvernement américain pour honorer les obligations de ce dernier vis-à-vis de la Compagnie Générale Transatlantique pour la perte de *Normandie* mais sous la forme d'une compensation en tonnage. On en est revenu à la formule du début.

C'est ainsi que la Compagnie Générale Transatlantique reçoit l'attribution du paquebot *Europa* - futur *Liberté* - qui jauge 51 839 tjb et de 3 paquebots à construire qui seront *Flandre* de 20 460 tjb, *Ville de Tunis* et *Ville de Marseille* - futur *Maroc* - de 9 500 tjb chacun soit au total 91 460 tjb à rapprocher du tonnage de *Normandie* qui était de 83 422 tjb.

Après cinq ans de rebondissements - de mai 1941 (occupation par les Coast Guards) à mai 1956 (signature des accords Blum Byrns) - et de luttes incessantes pour défendre les intérêts de son pavillon la Compagnie Générale Transatlantique obtient enfin le dédommagement auquel elle avait droit. Il ne tenait pas compte cependant du manque à gagner subi car il ne fait aucun doute que *Normandie* eût procuré à la Compagnie de gros profits s'il avait pu reprendre son service la paix revenue à l'instar de ses concurrents plus heureux de la Cunard *Queen Mary* et *Queen Elisabeth I* qui ont réalisé à l'époque sans doute les meilleurs remplissages et les plus belles recettes de leur carrière.

Enfin, et surtout, la réparation obtenue quelle qu'en soit l'importance est sans commune mesure avec le capital de prestige que *Normandie* représentait et la cruauté du deuil que sa disparition prématurée a causé.

CONCLUSION

En conclusion de cette revue des hommes et des événements qui ont marqué pour la Compagnie Générale Transatlantique le siècle écoulé, la question qui vient naturellement à l'esprit est celle du bilan qu'on peut dresser.

Pour s'en tenir aux postes essentiels, je retiendrais :
À l'actif :
- les progrès considérables réalisés dans la technique de la construction et la conduite des navires,
- le perfectionnement et la fiabilité des dispositifs de sécurité dans tous les domaines : navigation, lutte contre le feu, moyens de sauvetage,
- l'efficacité d'une spécialisation de plus en plus poussée du matériel naval : pétroliers, méthaniers, vraquiers, fruitiers, porte containers, car ferries...
- une amélioration générale des conditions de vie à bord, aussi bien pour le personnel que pour les passagers,
- le formidable essor des croisières et de la demande en tonnage spécialisé.

Au passif :
- l'accroissement continu des charges d'exploitation sous l'effet, notamment, de règlements de plus en plus contraignants pour le pavillon français,
- la fréquence des conflits sociaux nuisant à la régularité des services,
- une instabilité des monnaies et des cours du pétrole,
- le tarissement complet des courants migratoires sources de trafics rémunérateurs,
- l'arrivée sur le marché de nouveaux concurrents sous divers pavillons,
- la concurrence grandissante du transport aérien et la suprématie définitive de l'avion entraînant la disparition des paquebots de ligne.

Voilà pour le bilan matériel.

Quant au bilan humain, il est éloquent... N'en déplaise à certains esprits distingués qui, par ignorance ou par aveuglement, condamnent en bloc la gestion de la Transat et font porter la responsabilité de sa disparition à l'absence de dirigeants aux vues assez larges pour concevoir l'avenir.

L'exemple des grands patrons qui ont attaché leurs noms aux réalisations les plus brillantes de leur époque et dont l'œuvre vient d'être rappelée, apporte le démenti le plus formel à cette interprétation de l'histoire.

IN MEMORIAM

Avant de refermer cette chronique je voudrais inviter le lecteur à consulter ces deux tableaux pour prendre toute la mesure de ce que ce XXe siècle, en dehors des moments de grandeur et des crises que la Transat a connus, a représenté pour elle avec le lourd tribut qu'elle a dû payer en pertes de tonnage et en deuils du fait des deux conflits mondiaux qui l'ont ensanglanté.

A la liste impressionnante des 30 navires détruits de 1914 à 1918 et des 52 autres détruits de 1939 à 1945, il faut ajouter les milliers de vies humaines - marins, soldats, passagers - victimes de ces naufrages.

Je voudrais qu'ensemble, en guise de dernier hommage, nous déposions au pied de ces tableaux la gerbe de notre souvenir.

1914-1918

COMPAGNIE GENERALE TRANSATLANTIQUE

1915	l'*Aude*, *Bordeaux*, *Carthage*, *Emile*, *Floride*, *Guadeloupe*, *Guatémala*, le *Calvados*, *Saint-Malo*, *Ville de Mostaganem*.
1916	*Fournel*, *L'Hérault*, *La Provence*, *Louisiane*, *Maroni*, *Saint-Marc*.
1917	*Cacique*, *Hermine*, *Isère*, *Mont-Blanc*, *Montréal*, *Québec*, *Saint-Laurent*, *La Rance*.
1918	*Azémmour*, *Finistère*, *La Dives*, *Le Gard*, *Le Tarn*, *Vendée*.

1939-1945

COMPAGNIE GENERALE TRANSATLANTIQUE

1939	*Alaska,* *Bretagne,* *Floride,* *Loire,* *Louisiane,* *Vermont.*
1940	*Champlain,* *Flandre,* *Meknès,* *Porto Rico.*
1941	*Fort Richepanse*
1942	*Arica,* *La Mauricière,* *Normandie.*
1943	*Caraïbe,* *Carbet,* *Carimaré,* *Mayenne,* *Pénerf,* *San Antonio,* *San Diego,* *San Francisco,* *Wyoming.*
1944	*Arizona,* *Aveyron,* *Grandlieu,* *Guyane,* *Penthièvre,* *Président Dal Piaz.*
1945	*Cuba.*

1939-1945

COMPAGNIE GENERALE D'ARMEMENTS MARITIMES

1940	*Cambronne*
1941	*Saint Clair*
1942	*Enseigne Maurice Préchac*
1943	*Pénerf*
1944	*Grandlieu,* *Sainte Maxime.*

NAVIRES EN GERANCE

1940	*Cassidaigne,* *Saint Malo.*
1942	*Ile de Batz,* *Ile d'Ouessant,* *Savoie,* *Winnipeg.*
1943	*Belain d'Esnambuc,* *Bonifacio,* *Calédonien,* *Gouverneur* *Général de Gueydon,* *Ile rousse,* *Mostaganem.*
1944	*Gouverneur Général Grévy,* *Gouverneur Général Jonnart,* *Ile de Bréhat.*

CHEZ LE MÊME ÉDITEUR :

Archives maritimes :
CETTE GRANDE DAME QUE FUT LA TRANSAT de Charles Offrey
LA FIN DE *FRANCE* de Daniel Hillion
LE DOSSIER FRANCE : Terminé pour les machines de Charles Offrey
UN SIECLE DE PAQUEBOTS FRANÇAIS par la carte postale de Claude Molteni de Villermont
UN SIECLE DE PAQUEBOTS DU MONDE par la carte postale de Claude Molteni de Villermont
LES ANNÉES FRANCE de Daniel Baccara (deuxième édition)
TITANIC, Destination désastre de John Eaton et Charles Haas
LA ROYALE de Jean Randier, de l'Académie de Marine :
Vol. 1 : La vergue et le sabord • Vol. 2 : L'éperon et la cuirasse • Vol. 3 : La torpille et le missile
L'ANTIQUAIRE DE MARINE de Jean Randier, de l'Académie de Marine
L'INSTRUMENT DE MARINE de Jean Randier
L'ALBUM TITANIC du R.P. Browne de O. Donnell
LE DRAME DU GRANDCAMPde Jean-Yves Brouard
BOUTEILLES À LA MER ou la tradition du bateau en bouteille de Max Truchi
HOMMES ET NAVIRES AU CAP HORN de Jean Randier
GRANDS VOILIERS FRANÇAIS de Jean Randier
CHRONIQUE TRANSATLANTIQUE de Charles Offrey
IPHIGÉNIE, journal de bord de l'Aspirant Charles Millot par Jacques Schirmann

Posters, lithographies et cartes postales :
Mermoz de J.P. Rémon /*Titanic* de E.D. Walker / *Norway* de E Houri / *Flandre* de Sandy Hook / *Champollion* de S. Hook
La série de voiliers des Roux,
Cartes postales des Messageries Maritimes par Sandy Hook, et de la C.G.T.

Romans, nouvelles et Récits :
PORTS D'ESCALES de Christian Clères
CROISIERE NOIRE SUR LE FRANCE de Alain-Pierre Mahuzier (roman policier)
LES FILS DU VENT de Jean-Marc Van Hille
NOËL SUR UN ARBRE PERCHÉ Contes de Paul Frémiot
LA POMPE A BIERE NE REPOND PLUS de Paul Frémiot
POISSON-GAROU de Paul Frémiot
LE TOUR DU MONDE DU SILVACANE de Henri Bourdereau
LETTRES DU PACIFIQUE de Henri Bourdereau
SI PRÈS DU CAP HORN de Loïck Fougeron
RAYON VERT AU CAP HORN de Loïck Fougeron
MEN GLAZ de Jean Lemasson
ROUTE LIBRE de Gilbert Renouvin

Monographies :
CAR FERRIES CONSTRUITS EN FRANCE / FRENCH BUILT CAR FERRIES de Gilles Barnichon et Didier Noirel
MERMOZ de Daniel Hillion
SOVEREIGN OF THE SEAS de Daniel Hillion
NORWAY EN FRANCE
DE GRASSE de Gilles Barnichon et Pierrick Roullet
NAVIRES HOPITAUX FRANÇAIS AU XXe siècle /FRENCH HOSPITAL SHIPS DURING THE XXh CENTURY du Dr Gilles Barnichon
CHALUTIERS DANS LA TEMPÊTE de Gérard Fournier
LES NAVIRES CITERNES FRANÇAIS / THE FRENCH TANKER FLEET de Hans Pedersen et de Paul Bois
LA REVOLUTION DE LA VAPEUR DANS LES MARINES AU XIXe SIECLE/THE REVOLUTION OF STEAM IN THE XIXTH CENTURY NAVIES de Serge Orlowski
FLOTTE SNCF ET CAR FERRIES FRANÇAIS de Gilles Barnichon et Stéphane Zunquin

M.D.V. / Editions Marcel-Didier Vrac
Rue de la Choquette 38660 Le Touvet • Fax : 04 76 92 30 66 • **www : editions-mdv.com**

Achevé d'imprimé
sur les presses de l'Imprimerie

Maquette intérieure : Philippe Aumonier
Dépôt légal : 1er trimestre 2001